中国国家汉办规划教材

体验汉语系列教材

Experiencing Chinese

体验汉语®

英语版

Studying in China

留学篇

50~70 课时

Tiyan Hanyu Liuxue Pian

顾　问　刘　珣
总策划　刘　援
编　者　陈作宏　田　艳

高等教育出版社·北京
HIGHER EDUCATION PRESS　BEIJING

《体验汉语®》立体化系列教材

教材规划委员会

许 琳　　曹国兴　　刘 辉　　刘志鹏

马箭飞　　宋永波　　邱立国　　刘 援

短期课程系列

《体验汉语®·留学篇》（50～70课时）

顾　　问　　刘 珣

总 策 划　　刘 援

编　　者　　陈作宏　田 艳

策　　划　　梁 宇　徐群森

责任编辑　　梁 宇

封面设计　　周 末

版式设计　　孙 伟

插图选配　　梁 宇　金飞飞

插图绘画　　周 末

责任校对　　梁 宇　金飞飞

责任印制　　朱学忠

亲爱的老师：

您好！欢迎您使用《体验汉语·留学篇》(50～70课时)。我们希望您和您的学生在使用本教材的过程中有所收获，并得到愉悦的体验。

我们认为，学习汉语的最佳途径就是用汉语进行交流，在使用汉语中学会汉语，因此我们力求在教材中体现体验式教学的现代教学理念，为您提供任务型的教学方案。

教材的主要特点

- 这本教材是以短期留学生的生存需求为依据，以实用的交际任务为主线编写的任务型教材，注重听说，淡化语法。
- 教学对象是母语为英语的零起点汉语学习者和初学者。
- 课文内容真实，语句简短易学，利于学生记忆和使用。
- 练习形式多样，实践性强，尤其是互动性的任务练习，能够极大地激发学生的参与意识。
- 图文并茂，形式活泼，不但可以减轻记忆负担，还可以增加学生的学习兴趣。
- 全书由1个语音训练营(1～2课时)、16个单元(3～4课时/单元)、5个语法自测练习和两首中国歌曲组成。教材的整体安排充分考虑到短期速成教学在时间安排上的灵活性和多样性，从而使教材具有很大的伸缩性，所以教学时间为50～70课时的短期班都可以选用本教材。

教材的基本结构

一、语音训练营

根据短期班学生的特点，本书将语音部分放在 "语音训练营"中集中处理。您可以根据教学计划，安排1～2个课时进行语音训练。为了方便短期班学生的学习，我们只对上声变调和轻声作了说明。在 j、q、x 和 ü 相拼的问题上，我们有意保留了 ü 上的两点；"一"和"不"的声调在书中是按实际发音标注的声调，这样便于学生认读。

二、单元构成

每单元由词语、句子、情景、活动、即学即用和写汉字几个部分组成。每单元列出了2～3项目标任务，全书累计出现了350多个词语。我们未编排专门的语法注释，而是把课文中的语言难点以"语言小贴士"的形式在课文中随文标注。为了把语法重点和难点集中起来练习，书中穿插了5个"语法自测练习"。

本教材的课堂活动设计突出体现了体验式教学的特点，此部分不但保留了传统教材中的一般练习形式，还设计了实践性很强的任务型练习。您可以根据本班学生的实际情况和教学安排，有计划地选用。为方便学生完成各种练习，很多练习都配有小词库和参考句型。我们在小词库中列出了一些与该课主题相关的常用词语，这些词语也可以在书后的词语表中查找。这种处理词语的方式，能方便学生边学边用，随用随查。

三、灵活选用的部分

短期速成教学的灵活性极强，教材也必须具有很大的伸缩性。我们充分考虑到了这一点，为您提供了很多可以灵活使用的部分。

写汉字：为了让学生对汉字和汉字文化有一个感性认识，我们在每单元安排了一个写汉字的环节。

即学即用：这一部分的内容是口语中随时都有可能用上的短语短句。

语法自测：您可以根据情况，在课堂上酌情选用。书后附有参考答案。

中国歌曲：为了活跃课堂气氛，我们选编了两首非常好听的中国歌曲。您可以在合适的时候安排学生学唱。

教材中的特色练习

双人练习：此练习让学生和同伴根据具体的任务要求交换真实信息，目的是在实践的过程中，提高学生运用汉语的能力，让他们体验到用汉语进行交际的乐趣。为了顺利完成交际任务，每次练习之前配有相应的词语准备。

模拟练习：这是一个课堂表演的环节，既可以调节课堂气氛，还能巩固所学的知识。

看图比较：这是一个任务练习，学生要用汉语交流信息，完成比较图片差异的任务。这个练习具有一定的难度，但学生在完成后会很有成就感，更有自信心。

希望您能喜欢这本书，也希望您对本书提出批评和建议。欢迎您随时和我们联系。

本教材由英国专家Magnus Wilson和美国专家Erin Harper认真审核。高等教育出版社的编辑们在整套教材的策划、编写、版式设计、题图设计、插图选配等方面做了大量工作。在此，编者一并表示感谢。

您的朋友：陈作宏、田艳

2005 年 7 月

Dear students,

As the authors of the book, we welcome you to experience Chinese. In order to help you better understand the material, we would like to give you a brief introduction to this textbook.

Sentences are key sentences used for understanding and accomplishing the set tasks. They are short and easy and deliberately chosen for the task situations. Therefore, you should memorize the sentences and their usages in different situations.

While the *Scenes* are short, the exercises are designed to be rich, useful and essential in daily usage.

The *Activities* provide opportunities for frequent communication between you and your partners. Therefore, you will not only share your thoughts and experiences but also experience the pleasure of speaking Chinese. We believe that your Chinese speaking ability will be enhanced with practice in these real-life situations. Try to use new words and longer sentences while speaking, and also try to help your partners understand you as much as possible.

Learn and Use provides useful expressions in colloquial Chinese that you may come across in China.

Write Characters is designed to enable you to appreciate the beauty of Chinese characters.

Grammar Self-check is provided after every 3 units. You can finish them yourself after class. Answer key to them are provided at the end of the book.

Practice makes perfect. Therefore, you are encouraged to seize every opportunity to speak Chinese. Please bear in mind that once you can communicate with others, your confidence and satisfaction will be greatly enhanced. Your Chinese will improve quickly in this way. You will soon be surprised at how capable you are at speaking Chinese and understanding Chinese culture.

We sincerely hope that this book will help you to learn Chinese and improve your speaking level. We believe you can make it!

Good luck!

Best regards,
Chen Zuohong
Tian Yan

课堂用语
Classroom Expressions

xiàn zài shàng kè
现 在 上 课。It is time for class now.

xiū xi xiū xi
休 息 休 息。Let's have a break now.

xià kè
下 课。Class is over.

dǎ kāi shū fān dào dì ___ yè
打 开 书，翻 到 第___页。
Open your textbook, turn to page ...

qǐng gēn wǒ niàn
请 跟 我 念。Read after me please.

hé shang shū
合 上 书。Close the book.

dà diǎnr shēng
大 点 儿 声。Read louder.

zài shuō yí biàn
再 说 一 遍。Once again please.

qǐng nǐ dú yí biàn
请 你 读 一 遍。Please read it.

qǐng nǐ huí dá
请 你 回 答。Please answer the question.

qǐng kàn hēi bǎn
请 看 黑 板。
Look at the blackboard please.

hěn hǎo
很 好。Very good.

duì le
对 了。That's correct.

cuò le
错 了。That's wrong.

xiàn zài zuò liàn xí
现 在 做 练 习。
Let's do the exercises now.

Matthew
mǎ xiū
马 修

Lin Hua
lín huá
林 华

Ms. Chen
chén lǎo shī
陈 老 师

Jordan
qiáo dān
乔 丹

Shasha
shā sha
莎 莎

目 录 CONTENTS

yǔ   yīn   xùn   liàn   yíng

语 音 训 练 营
Pronunciation Camp

目 标　Objectives

- 学会汉语拼音的声母、韵母和五个声调 Learn initials, finals and tones of Chinese *pinyin*
- 声母韵母表和声调图 Table of initials and finals & diagram of tones
- 基本的拼读和声调练习 Basic pronunciation and tone drills

In Chinese, each syllable is composed of an initial, a final and a tone. An initial combines with a final to form a syllable, which is to be pronounced in certain tone. If you want to learn to speak Chinese, you should learn the initials, the finals and the tones first.

Chinese pinyin can help you master the above 3 in a short time. Now, let's learn pinyin together!

 Initials and Finals

Formula for Chinese Phonetic Transcription *(Pinyin)*

Initials	b p m f	d t n l	g k h	j q x	zh ch sh r	z c s
Finals		i		u		ü
	a	ia		ua		
	o			uo		
	e	ie				üe
	ai			uai		
	ei			uei (ui)		
	ao	iao				
	ou	iou (iu)				
	an	ian		uan		üan
	en	in		uen (un)		ün
	ang	iang		uang		
	eng	ing		ueng		
	ong	iong				

拼读练习 Pronunciation Drills

1. 单韵母音节 The mono final syllables

ba	pa	ma	fa		da	ta	na	la		ga	ka	ha
bo	po	mo	fo		de	te	ne	le		ge	ke	he
bi	pi	mi			di	ti	ni	li				
bu	pu	mu	fu		du	tu	nu	lu			nü	lü

2. 复韵母音节 The compound final syllables

gai	gei	gao	gou	gua	guo	guai	gui		lia	lie	liao	liu	lüe
kai	kei	kao	kou	kua	kuo	kuai	kui			nie	niao	niu	nüe
hai	hei	hao	hou	hua	huo	huai	hui						

3. 鼻韵母音节 The nasal-ended final syllables

ban	ben	bang	beng		pan	pen	pang	peng		
man	men	mang	meng		fan	fen	fang	feng		
dan		dang	deng	dong	tan		tang	teng	tong	
nan		nang	neng	nong	lan		lang	leng	long	luan	nuan

bin	bing		pin	ping		min	ming		lin	ling		nin	ning

4. 声母是 j, q, x 的音节 The syllables with initials j, q, x

ji	qi	xi		jü	qü	xü		jüe	qüe	xüe
jin	jing			jian	jiang			qian	qiang			xian	xiang

5. 声母是 zh、ch、sh、r 和 z、c、s 的音节 The syllables with initials zh, ch, sh, r and z, c, s

zhi	chi	shi	ri		zi	ci	si
zhe	che	she	re		ze	ce	se
zhan	chan	shan	ran		zan	can	san
zhang	chang	shang	rang		zong	cong	song

6. y、w 开头的音节 The syllables initiated by y and w

yi	wu	yu		wa	wo	wai	wei		wan	wen	wang	weng
yin	ying	yan	yang		yun	yuan	yong					

2 ▶ Tones

There are 5 tones in Chinese Putonghua, 4 basic tones and 1 neutral tone. In the pinyin system, they are indicated by tone graphs. Namely, ˉ (the first tone), ´ (the second tone), ˇ (the third tone) and ` (the fourth tone) and the neutral tone which is not marked. The tones are used to distinguish meanings. That is to say, syllables that are identical in initials and finals but different in tones can bear different meanings. For example, mā means "mother" while mǎ means "horse".

To pronounce tones correctly is very important. Otherwise it will be quite difficult for others to understand you. Now, please look at the diagram of tones thoroughly and carefully and take time to practice with your teacher.

Diagram of tones

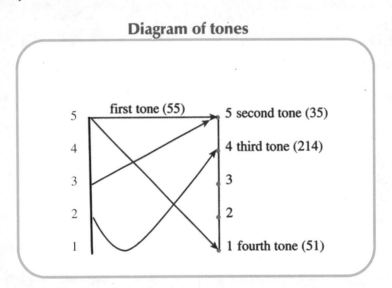

声调练习 Tone Drills

1. 基本声调练习。
Four basic tones drills.

bā	bá	bǎ	bà	——	bàba	*father*
mā	má	mǎ	mà	——	māma	*mother*
hāo	háo	hǎo	hào	——	hǎo	*good*

2. 当两个第三声汉字相连时，第一个字的声调变为第二声。如 nǐhǎo → níhǎo。请跟着老师朗读。
When there are two consecutive third-tone characters (syllables) together, the first should be pronounced with the second tone while the tone of the second character (syllable) stays unchanged. For example: nǐhǎo → níhǎo. **Please read the following words aloud after your teacher.**

nǐhǎo   hěnhǎo   wǒzǒu   suǒyǒu   suǒyǐ

3. 第三声的字在第一、二、四声和轻声前面时要变成"半三声"。也就是只读第三声前半段的降调部分。如：

měiguó → měiguó。请跟着老师朗读。

When a character (syllable) in the third tone precedes one in the first, second, fourth or neutral tones, it is pronounced in the "half" third tone, that is, the tone only falls (a little like a shortened fourth tone) and doesn't rise. For example: měiguó →měiguó. Please read the following words aloud after your teacher.

kǎoyā	wǒjiā	měiguó	fǎguó
hěnlèi	wǒshì	jiějie	wǒde

4. 轻声要读得又轻又短。请跟着老师朗读。

The neutral tone is very light and short. Please read the following words aloud after your teacher.

māma	gēge	míngzi	shénme
hǎoma	nǐne	shìma	lèile

5. 朗读定调练习。

Read the syllables and pay attention to the tones.

dōushuō	háishuō	yěshuō	zàishuō	shuōde
dōulái	háilái	yělái	zàilái	láide
dōuzǒu	háizǒu	yězǒu	zàizǒu	zǒude
dōuhuì	háihuì	yěhuì	zàihuì	huìde

nǐ hǎo
你 好　Hello

目标 Objectives

- 学会打招呼的常用表达方式 Learn the most commonly used greetings
- 学会说自己的名字和国籍 Learn how to give your name and nationality
- 学会数字 1~10 Learn the numbers 1 to 10

词语 Words and Phrases

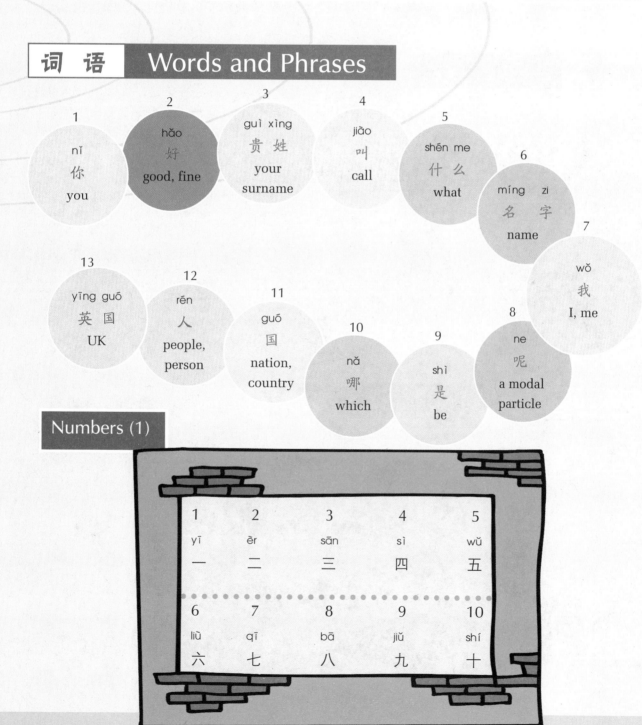

1
nǐ
你
you

2
hǎo
好
good, fine

3
guì xìng
贵姓
your surname

4
jiào
叫
call

5
shén me
什么
what

6
míng zi
名字
name

7
wǒ
我
I, me

8
ne
呢
a modal particle

9
shì
是
be

10
nǎ
哪
which

11
guó
国
nation, country

12
rén
人
people, person

13
yīng guó
英国
UK

Numbers (1)

1	2	3	4	5
yī	èr	sān	sì	wǔ
一	二	三	四	五
6	7	8	9	10
liù	qī	bā	jiǔ	shí
六	七	八	九	十

选词搭配。
Choose the proper words to match the word below.

hǎo
好

1. Hello!
2. What's your surname, please?
3. What's your name, please?
4. Please call me Lin Hua, what's your name, please?
5. What country are you from?
6. I am British.

句子　Sentences

nǐ hǎo
1. 你 好!

nǐ guì xìng
2. 你 贵 姓?

nǐ jiào shén me míng zi
3. 你 叫 什么 名字?

wǒ jiào lín huá nǐ ne
4. 我 叫 林华, 你 呢?

nǐ shì nǎ guó rén
5. 你 是 哪 国 人?

wǒ shì yīng guó rén
6. 我 是 英 国 人。

看图说话　Look and Say

nǐ shì nǎ guó rén
你 是 哪 国 人?

nǐ jiào shén me míng zi
你 叫 什么 名字?

Ⓐ

Ⓑ

情 景　Scene

	mǎ xiū	nǐ hǎo
马 修：	你 好！

mǎ xiū　nǐ hǎo
马 修：　你 好！

lín huā　nǐ hǎo
林 华：　你 好！

mǎ xiū　nǐ guì xìng nǐ jiào shén me míng zi
马 修：　你 贵 姓[1]，你 叫 什 么 名 字[2]？

lín huā　wǒ xìng lín wǒ jiào lín huā nǐ ne
林 华：　我 姓 林，我 叫 林 华[3] 你 呢[4]？

mǎ xiū　wǒ jiào mǎ xiū
马 修：　我 叫 马 修。

lín huā　nǐ shì nǎ guó rén
林 华：　你 是 哪 国 人？

mǎ xiū　wǒ shì yīng guó rén
马 修：　我 是 英 国 人。

1 "贵姓" is a polite and respectful way of asking someone's name. The answer is "我姓…".

2 In Chinese, the word order of a question is the same as the statement, unlike the English grammar. When a statement is changed into a question, the questioned part ought to be replaced with an interrogative word, i.e. which. The word order remains the same. The question form of the statement "我是英国人" is "你是哪国人?"

3 Chinese people put their surnames (family names) before their given names. When giving their names to others, Chinese people generally give their full names: surnames, and then given names.

4 "你呢" means "What's your name?" in this sentence. The particle "呢" can follow a noun or a pronoun to form a question similar to the English "And you?". The meaning of this question depends on the preceding part of the sentence. E.g. in "我是英国人，你呢?" "你呢" means "What country are you from?" and in "我要学汉语，你呢?" "你呢" means "Do you want to study Chinese?".

Matthew:	Hello!
Lin Hua:	Hello!
Matthew:	What's your name, please?
Lin Hua:	My surname is Lin, please call me Lin Hua, what's your name, please?
Matthew:	I'm Matthew.
Lin Hua:	What country are you from?
Matthew:	I am British.

连线搭配。
Read and match.

nǐ jiào shén me míng zi
1. 你 叫 什 么 名 字?

nǐ hǎo
a. 你 好!

nǐ shì nǎ guó rén
2. 你 是 哪 国 人?

wǒ shì yīng guó rén
b. 我 是 英 国 人。

nǐ hǎo
3. 你 好!

wǒ jiào lín huá
c. 我 叫 林 华。

活 动 Activities

1 ▶ 语音练习
Pronunciation

朗读下列词语。
Read aloud.

nǐ	wǒ	hǎo	jiào
你	我	好	叫

rén	shén me	míng zi	nǎ guó
人	什 么	名 字	哪 国

问与答
Ask and Answer

根据"情景"选择合适的句子填空。
Fill in the table according to the "Scene".

	nǐ hǎo • 你 好！
nǐ jiào shén me míng zi • 你 叫 什 么 名 字？	•
nǐ shì nǎ guó rén • 你 是 哪 国 人？	•

 替换练习
Substitution

从小词库里选择合适的词，替换句子中的词语。
Choose the proper words from the word box to substitute the words in the following sentences.

 给老师的提示：先处理小词库的生词，再开始做练习。

nǐ jiào shén me míng zi
1. A：你 叫 什 么 名 字？
 wǒ jiào mǎ xiū
 B：我 叫 马 修。

 nǐ shì nǎ guó rén
2. A：你 是 哪 国 人？
 wǒ shì yīng guó rén
 B：我 是 英 国 人。

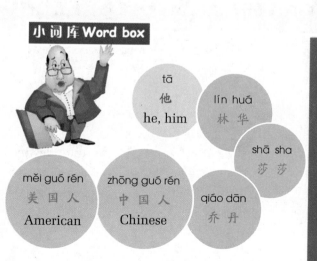

小词库 Word box

tā
他
he, him

lín huá
林华

shā sha
莎莎

měi guó rén
美国人
American

zhōng guó rén
中国人
Chinese

qiáo dān
乔丹

LOOK

What other sentences can you make with these patterns?

双人练习
Pair Work

 询问同伴情况，完成下列表格。
Interview your partner and fill in the table.

		Yourself	Your partner
Name	Mǎxiū		
Nationality	Yīngguó		

 看图比较
Look, Compare and Say

 两人一组，进行看图比较（图A和图B）。请用汉语描述图上的内容，看看你们的图有什么不一样。
Work in pairs. Each of you will be given a different picture (A or B). Describe your picture in Chinese and then compare with your partner's.

 给老师的提示：先处理小词库的生词，再开始做练习。

注意: 不要看对方的图，也尽量不要使用手势和身体语言。

Remember: Do not look at each other's pictures during the exercise and try not to use gestures and body language.

A

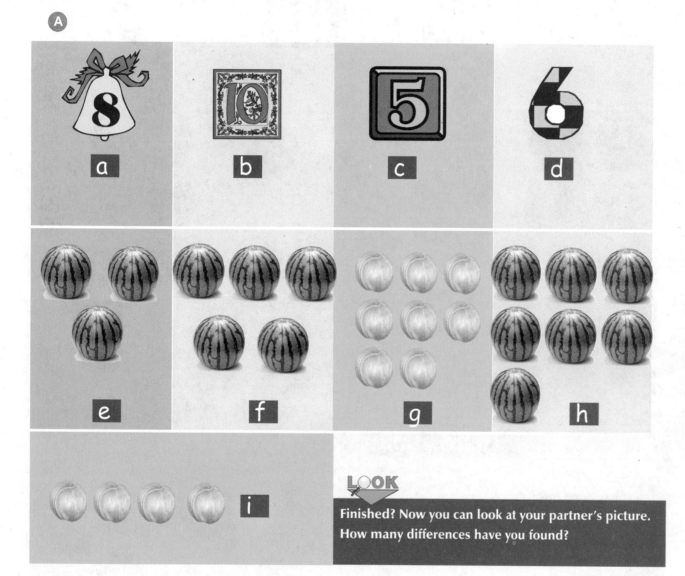

a b c d

e f g h

i

LOOK

Finished? Now you can look at your partner's picture. How many differences have you found?

小词库 Word box

gè
个
a measure word

táor
桃儿
peach

xī guā
西 瓜
watermelon

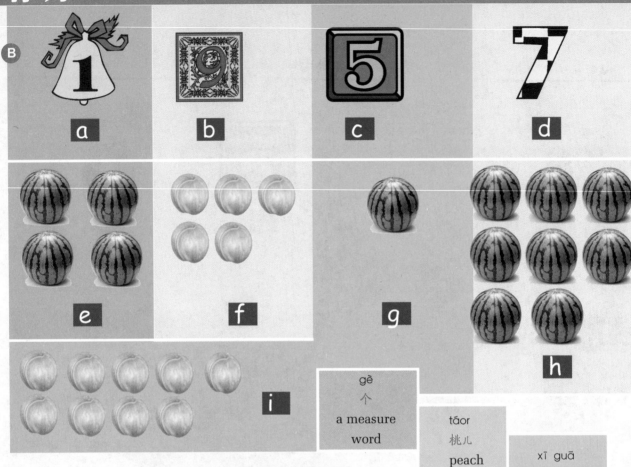

gè
个
a measure
word

táor
桃儿
peach

xī guā
西 瓜
watermelon

即学即用　Learn and Use

Zàijiàn!
Good bye!

Xièxie!
Thanks!

Bú kèqi!
You're welcome!

写汉字　Write Characters

zhōng | 中 | 丶 | 一 | 口 | 中

guó | 国 | 丨 | 冂 | 冂 | 冃 | 囯 | 国 | 国 | 国

nǐ zhù nǎ ge fáng jiān

你 住 哪 个 房 间

Which room do you live in

你住哪个房间 ▶▶▶

- 学会为双方作介绍 **Learn how to introduce your friends to each other**
- 学会说明住处 **Learn to give your address**
- 学会数字 11~20 **Learn the numbers 11 to 20**

词语 Words and Phrases

1. zhè/zhèi 这 this
2. de 的 a structural particle
3. péng you 朋友 friend
4. běi jīng 北京 Beijing
5. ma 吗 a question particle
6. bù 不 no
7. shàng hǎi 上海 Shanghai
8. xué sheng 学生 student
9. yě 也 too, also
10. zhù 住 live
11. nǎr 哪儿 where
12. hào 号 number
13. lóu 楼 building
14. liú xué shēng 留学生 overseas student
15. fáng jiān 房间 room
16. gè 个 a measure word

Numbers (2)

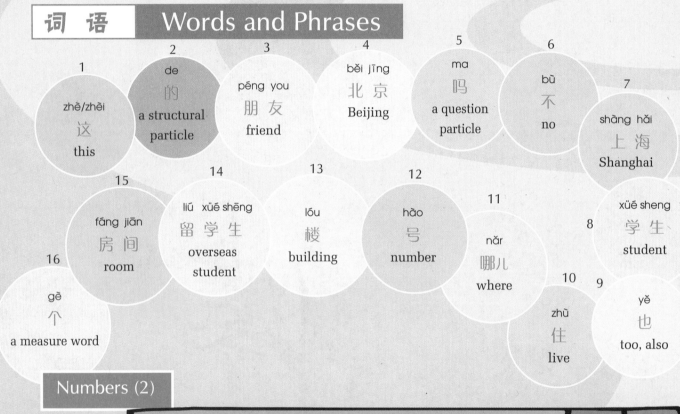

11	12	13	14	15	16
shí yī	shí èr	shí sān	shí sì	shí wǔ	shí liù
十一	十二	十三	十四	十五	十六

17	18	19	20	90	100
shí qī	shí bā	shí jiǔ	èr shí	jiǔ shí	yì bǎi
十七	十八	十九	二十	九十	一百

选词搭配。
Choose the proper words to match the word below.

zhù
住 →

句 子　Sentences

1. This is my friend Jordan.
2. Are you from Beijing?
3. I am also a student.
4. Where do you live?
5. Which room do you live in?
6. I live in Building No. 7.

zhè shì wǒ de péng you qiáo dān
1. 这 是 我 的 朋 友 乔 丹。

nǐ shì běi jīng rén ma
2、你 是 北 京 人 吗?

wǒ yě shì xué sheng
3. 我 也 是 学 生。

nǐ zhù nǎr
4. 你 住 哪 儿?

nǐ zhù nǎ ge fáng jiān
5. 你 住 哪 个 房 间?

wǒ zhù qī hào lóu
6. 我 住 7 号 楼。

看 图 说 话　Look and Say

留学生楼

603

nǐ zhù nǎ ge fáng jiān
你 住 哪 个 房 间?

A

B

你住哪个房间 ▶▶▶▶

nǐ shì běi jīng
你是北京
rén mǎ
人吗?

Shanghai

_____?

wǒ zhù sān líng liù
我住306。

C

D

| 情 景 | Scene |

Part 1

mǎ xiū lín huá zhè shì wǒ de péng you qiáo dān
马 修: 林 华, 这 是 我 的⁵ 朋 友 乔 丹。

lín huá nǐ hǎo wǒ jiào lín huá
林 华: 你 好! 我 叫 林 华。

qiáo dān nǐ hǎo nǐ shì běi jīng rén ma
乔 丹: 你 好! 你 是 北 京 人 吗⁶?

lín huá bú shì wǒ shì shàng hǎi rén
林 华: 不 是, 我 是 上 海 人。

qiáo dān nǐ shì xué sheng ma
乔 丹: 你 是 学 生 吗?

lín huá shì nǐ ne
林 华: 是, 你 呢?

qiáo dān wǒ yě shì xué sheng
乔 丹: 我 也 是 学 生。

6 Generally, a question is formed by adding "吗" at the end of a statement. The answer to this kind of question consists of the positive or negative form of verbs or adjectives in the question. E.g. the answer to "马修是学生吗?" is "是" or "不是"; the answer to "你们下午上课吗?" is "上课" or "不上课".

Matthew:	Lin Hua, this is my friend Jordan.
Lin Hua:	Hello! I am Lin Hua.
Jordan:	Hello! Are you from Beijing?
Lin Hua:	No, I am from Shanghai.
Jordan:	Are you a student?
Lin Hua:	Yes, how about you?
Jordan:	I am also a student.

Part 2

qiáo dān   nǐ   zhù   nǎr
乔 丹：你 住 哪儿⁷？

lín   huá   wǒ   zhù   qī   hào   lóu   nǐ   ne
林 华：我 住 7 号 楼，你 呢？

qiáo dān   wǒ   zhù   liú   xüé   shēng   lóu
乔 丹：我 住 留 学 生 楼。

lín   huá   nǐ   zhù   nǎ   ge   fáng   jiān
林 华：你 住 哪 个 房 间？

qiáo dān   wǒ   zhù   liù   líng   sān
乔 丹：我 住 6 0 3。

7 Don't pronounce "儿" as an independent syllable, rather roll the previous syllable and the "儿" syllable together, while raising your tongue slightly. E.g. "那儿" should be pronounced as "nǎr" rather than "nǎr ěr", and "门口儿" should be pronounced as "mén kǒur" rather than "mén kǒuér".

5 The pattern of "noun/pronoun + 的 +noun" forms genitives and expresses that something belongs to somebody. E.g.我的书 (my book), 马修的钥匙 (Matthew's keys).

Jordan:	Where do you live?
Lin Hua:	I live in Building No.7, how about you?
Jordan:	I live in the Overseas Student Building.
Lin Hua:	Which room do you live in?
Jordan:	I am in room 603.

连线搭配。
Read and match.

nǐ shì běi jīng rén ma
1. 你 是 北 京 人 吗?

nǐ shì xué sheng ma
2. 你 是 学 生 吗?

nǐ zhù nǎr
3. 你 住 哪 儿?

nǐ zhù nǎ ge fáng jiān
4. 你 住 哪 个 房 间?

wǒ shì xué sheng nǐ ne
5. 我 是 学 生, 你 呢?

wǒ yě shì xué sheng
a. 我 也 是 学 生。

wǒ zhù liù líng sān
b. 我 住 6 0 3。

shì nǐ ne
c. 是, 你 呢?

bú shì wǒ shì shàng hǎi rén
d. 不 是, 我 是 上 海 人。

wǒ zhù qī hào lóu
e. 我 住 7 号 楼。

活 动 Activities

1 ▶ 语音练习
Pronunciation

朗读下列词语。
Read aloud.

péng you	lín huá	mǎ xiū	
朋 友	林 华	马 修	
wǔ hào lóu	qī hào lóu	liù líng sān fáng jiān	sān líng sì fáng jiān
5 号 楼	7 号 楼	6 0 3 房 间	3 0 4 房 间
fǎ guó rén	měi guó rén	běi jīng rén	shàng hǎi rén
法 国 人	美 国 人	北 京 人	上 海 人

② 问与答

Ask and Answer

根据"情景"选择合适的句子填空。

Fill in the table according to the "Scene".

nǐ shì xué sheng ma • 你 是 学 生 吗?	•
•	wǒ zhù liú xué shēng lóu • 我 住 留 学 生 楼。
nǐ zhù nǎ ge fáng jiān • 你 住 哪 个 房 间?	•

③ 替换练习

Substitution

从小词库里选择合适的词，替换句子中的词语。

Choose the proper words from the word box to substitute the words in the following sentences.

给老师的提示：请先处理小词库的生词，再开始做练习。

zhè shì qiáo dān
1. 这 是 乔 丹。

wǒ shì xué sheng
2. 我 是 学 生。

wǒ zhù qī hào lóu
3. 我 住 7 号 楼。

小词库 **Word box**

lín huá
林 华

mǎ xiū
马 修

shā sha
莎 莎

liú xué shēng
留 学 生

sù shè
宿 舍
dormitory

sì hào
四 号

What other sentences can you make with these patterns?

双人练习
Pair Work

询问同伴情况，完成下列表格。
Interview your partner and fill in the table.

				Yourself	Your partner
Nationality	Yīngguó rén				
Identity		xuésheng			
Dormitory			sānlíng'èr fángjiān		

⑤ **全班活动**
Class Activity

全班同学围坐成一圈，按次序介绍自己。
Sit together in a circle with your whole class. Each one of you take turns to introduce yourself.

给老师的提示：请一位同学朗读马修的介绍作为示范，然后开始练习。

6 ▶ 看图比较
Look, Compare and Say

两人一组，进行看图比较（图A和图B）。请用汉语描述图上的内容，看看你们的图有什么不一样。
Work in pairs. Each of you will be given a different picture (A or B). Describe your picture in Chinese and then compare with your partner's.

Remember: Do not look at each other's pictures during the exercise and try not to use gestures and body language.

注意: 不要看对方的图，也尽量不要使用手势和身体语言。

即学即用　Learn and Use

写汉字　Write Characters

běi　北　　丨　十　オ　北　北

jīng　京　　丶　亠　六　宁　古　亨　京

xiàn zài jǐ diǎn

现 在 几 点

What time is it now

现在几点 ▶▶▶

目标 Objectives

- 学会最基本的时间表达方式 Learn the basic way to tell the time
- 学会说星期 Learn how to say the days of the week

词语 Words and Phrases

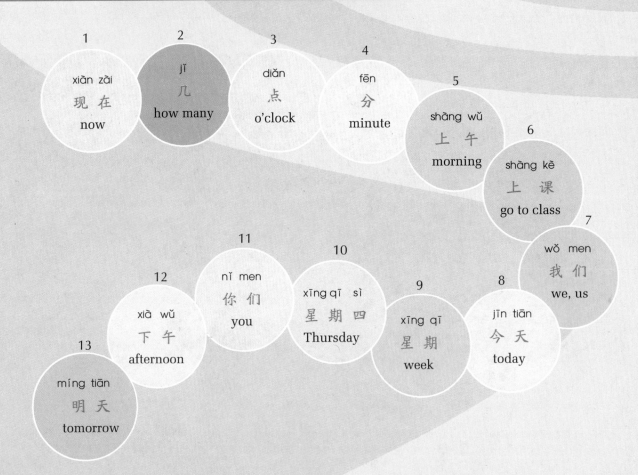

1
xiàn zài
现在
now

2
jǐ
几
how many

3
diǎn
点
o'clock

4
fēn
分
minute

5
shàng wǔ
上午
morning

6
shàng kè
上课
go to class

7
wǒ men
我们
we, us

8
jīn tiān
今天
today

9
xīng qī
星期
week

10
xīng qī sì
星期四
Thursday

11
nǐ men
你们
you

12
xià wǔ
下午
afternoon

13
míng tiān
明天
tomorrow

选词搭配。
Choose the proper words to match the word below.

shàng kè
上 课

1. What time is it now?
2. It is ten past seven now.
3. It's Thursday.
4. We have class at eight o'clock.
5. We have class this afternoon.

句 子 Sentences

xiàn zài jǐ diǎn
1. 现 在 几 点?

shàng wǔ bā diǎn shàng kè
4. 上 午 8 点 上 课。

xiàn zài qī diǎn shí fēn
2. 现 在 7 点 10 分。

jīn tiān xià wǔ shàng kè
5. 今 天 下 午 上 课。

jīn tiān xīng qī sì
3. 今 天 星 期 四。

看 图 说 话 Look and Say

xiàn zài jǐ diǎn
A: 现 在 几 点?

B: _____

A

xiàn zài jǐ diǎn
A: 现 在 几 点?

B: _____

B

jīn tiān xīng qī jǐ
A: 今 天 星 期 几?

B: _____

C

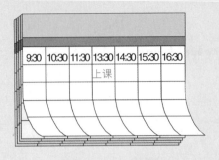

D

nǐ men xià wǔ jǐ diǎn shàng kè
A：你 们 下 午 几 点 上 课?

B：_____

情 景 Scene

Part 1

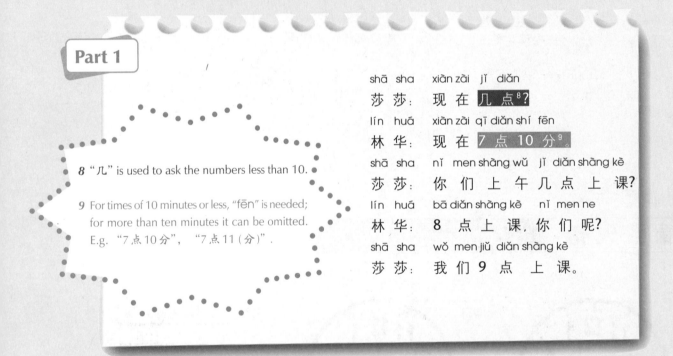

8 "几" is used to ask the numbers less than 10.

9 For times of 10 minutes or less, "fēn" is needed; for more than ten minutes it can be omitted. E.g. "7点10分", "7点11（分）".

shā sha　xiàn zài　jǐ diǎn
莎莎：现 在 几 点[8]?

lín huá　xiàn zài qī diǎn shí fēn
林华：现 在 7 点 10 分[9]。

shā sha　nǐ men shàng wǔ　jǐ diǎn shàng kè
莎莎：你 们 上 午 几 点 上 课?

lín huá　bā diǎn shàng kè　nǐ men ne
林华：8 点 上 课，你 们 呢?

shā sha　wǒ men jiǔ diǎn shàng kè
莎莎：我 们 9 点 上 课。

Shasha:	What time is it now?
Lin Hua:	It is ten past seven.
Shasha:	What time do you have class in the morning?
Lin Hua:	Eight o'clock, what about you?
Shasha:	We have class at nine o'clock.

Part 2

lín huá jīn tiān xīng qī jǐ
林 华： 今 天 星 期 几？

shā sha jīn tiān xīng qī sì
莎 莎： 今 天 星 期 四。

lín huá nǐ men xià wǔ shàng kè ma
林 华： 你 们 下 午 上 课 吗？

shā sha jīn tiān xià wǔ shàng kè míng tiān xià wǔ bú shàng kè
莎 莎： 今 天 下 午 上 课， 明 天 下 午 不¹⁰ 上 课。

10 "不" is pronounced with the fourth tone (bù)
before a syllable of the first, second or third tone.
It is pronounced with the second tone (bú) be-
fore a syllable of the fourth tone. E.g. bùchī
(not eat), bù lái (not come), bùhǎo (not good)
and búqù (not go).

Lin Hua:	What day is it today?
Shasha:	It's Thursday.
Lin Hua:	Do you have class this afternoon?
Shasha:	We have class this afternoon; we don't have class tomorrow afternoon.

连线搭配。
Read and match.

jīn tiān xīng qī jǐ
1. 今 天 星 期 几?

xiàn zài jǐ diǎn
2. 现 在 几 点?

nǐ men shàng wǔ jǐ diǎn shàng kè
3. 你 们 上 午 几 点 上 课?

nǐ men xià wǔ shàng kè ma
4. 你 们 下 午 上 课 吗?

wǒ men xià wǔ bú shàng kè
a. 我 们 下 午 不 上 课。

wǒ men shàng wǔ bā diǎn shàng kè
b. 我 们 上 午 8 点 上 课。

jīn tiān xīng qī èr
c. 今 天 星 期 二。

xiàn zài qī diǎn
d. 现 在 7 点。

活 动　Activities

1 语音练习
Pronunciation

朗读下列词语。
Read aloud.

xīng qī yī　　xīng qī 'èr　　xīng qī sān　　xīng qī sì　　xīng qī wǔ
星 期 一　　星 期 二　　星 期 三　　星 期 四　　星 期 五

xīng qī liù　　xīng qī tiān　　wǔ diǎn shí fēn　　liù diǎn èrshí(fēn)
星 期 六　　星 期 天　　5 点 10 分　　6 点 20(分)

qī diǎn bàn　　liǎng diǎn sānshí(fēn)　jiǔ diǎn língwǔ(fēn)
7 点 半　　2 点 30(分)　　9 点 05(分)

② 问与答
Ask and Answer.

根据"情景"选择合适的句子填空。
Fill in the table according to the "Scene".

	xiàn zài qī diǎn shí fēn • 现 在 7 点 10 分。
jīn tiān xīng qī jǐ • 今 天 星 期 几?	•
•	wǒ men jiǔ diǎn shàng kè • 我 们 9 点 上 课。
•	wǒ men xià wǔ bú shàng kè • 我 们 下 午 不 上 课。

③ 替换练习
Substitution

从小词库里选择合适的词，替换句子中的词语。
Choose the proper words from the word box to substitute the words in the following sentences.

给老师的提示：请先处理小词库的生词，再开始做练习。

小词库 Word box

wǒ men bā diǎn shàng kè
1. 我 们 8 点 上 课。
wǒ men xià wǔ bú shàng kè
2. 我 们 下 午 不 上 课。

jiǔ diǎn 9 点	jīn tiān 今 天	shàng wǔ 上 午
zuó tiān 昨 天 yesterday	xīng qī liù 星 期 六	

What other sentences can you make with these patterns?

4 扩展练习
Extension

hǎo 号 date	yuè 月 month

填写表格，根据表格的内容回答老师的提问。
Please fill in the table first and then answer the teacher's questions.

8月 August	14	Xīngqīyī		17		Xīngqīwǔ	19	20
			zuótiān yesterday	jīntiān today	míngtiān tomorrow			

jīn tiān jǐ hào
1. 今 天 几 号?　　　　　Jīntiān shíqī hào.

jīn tiān xīng qī jǐ
2. 今 天 星 期 几?

míng tiān jǐ hào
3. 明 天 几 号?

míng tiān xīng qī jǐ
4. 明 天 星 期 几?

zuó tiān jǐ hào
5. 昨 天 几 号?

zuó tiān xīng qī jǐ
6. 昨 天 星 期 几?

jīn tiān jǐ yuè jǐ hào
7. 今 天 几 月 几 号?

看图说说马修的时间安排。
Talk about Matthew's schedule according to the pictures.

A qǐ chuáng 7:00

B xǐzǎo 7:30

小词库 Word box

shuì jiào 睡 觉 go to bed, sleep	xǐ zǎo 洗 澡 take a bath	shàng kè 上 课 attend class	xià kè 下 课 finish class	qǐ chuáng 起 床 get up	chī fàn 吃饭 eat a meal

chī fàn
7:45

shàngkè
8:00

shuìjiào
11:30

C

D

E

5 ▶ 双人练习
Pair Work

询问同伴情况，完成下列表格。
Interview your partner and fill in the table.

Activity	Matthew	Yourself	Your partner
Qǐ chuáng	7:00		
Chī fàn	7:45		
Shàngkè	8:00		
Xiàkè	11:30		
Shuìjiào	23:30		
Xǐzǎo	7:30		

6 ▶ 看图比较
Look, Compare and Say

两人一组，进行看图比较（图A和图B）。请用汉语描述图上的内容，看看你们的图有什么不一样。
Work in pairs. Each of you will be given a different picture (A or B). Describe your picture in Chinese and then compare with your partner's.

小词库 **Word box**

nián
年
year

给老师的提示：先处理小词库的生词，然后再开始练习。

Ⓐ

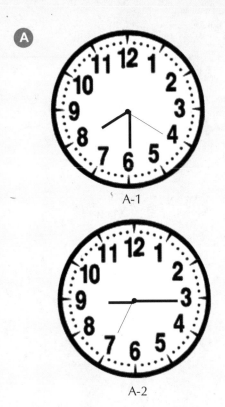

A-1

A-2

注意: 不要看对方的图, 也尽量不要使用手势和身体语言。

Remember: Do not look at each other's pictures during the exercise and try not to use gestures and body language.

A-3

即学即用　Learn and Use

Méi guānxi.
No problem.

Duìbuqǐ.
Sorry.

Ⓑ

B-1

B-2

AUGUST
2004

		1	2	3	4	5	6
7	8	9	10	11	12	13
14	15	16	17	18	19	20
21	22	23	24	25	26	27
28	29	30	31			

B-3

写汉字　　**Write Characters**

hǎo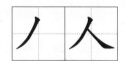

rén

语法自测 ▶▶▶

语法自测 1
Grammar Self-check 1

1 选择合适的疑问代词填空。

Fill in the blanks with the appropriate question-words.

shénme	nǎ	nǎr	jǐ
什么	哪	哪儿	几

1. Míngtiān xiàwǔ _____ diǎn shàngkè?
2. Tā jiào _____ míngzi?
3. Qiáodān shì _____ guó rén?
4. Nǐ zhù _____ hào lóu?
5. Jīntiān xīngqī _____ ?
6. Jīntiān _____ hào?
7. Nǐ zhù _____ ?
8. Mǎxiū zhù _____ ge fángjiān?

2 回答下列问题，并仿照例句进行提问。

Answer the following questions. Raise questions according to the sample.

Example: A: Nǐ jiào shénme míngzi?

B: <u>Wǒ jiào Mǎxiū, nǐ ne?</u>

1. Nǐ shì nǎ guó rén?
2. Nǐ zhù nǎr?
3. Nǐ zhù nǎ ge fángjiān?
4. Jīntiān xīngqī jǐ?

3 将下列词语连成句子。

Reorganize the following words into sentences.

Example: ne Lín Huá wǒ nǐ jiào — Wǒ jiào Lín Huá, nǐ ne?

1. tā Zhōngguó ne shì nǐ rén
2. xiàwǔ míngtiān wǒmen shàngkè bù

4 看图学词。

Look and learn new words.

Rìběn
Japan

Yīngguó
UK

Fǎguó
France

Měiguó
America

Xī'ān
Xi'an

Lāsà
Lhasa

Běijīng
Beijing

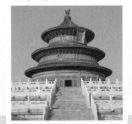
Shànghǎi
Shanghai

zhèi ge duō shao qián

这 个 多 少 钱

How much is this

这个多少钱 ▶▶▶

目 标　Objectives

- 学习钱币的表达法　Learn to talk about money
- 学会问商品的价格　Learn how to ask the price
- 学会说一般商品的单位　Learn how to use the unit measurements of daily commodities

词 语　Words and Phrases

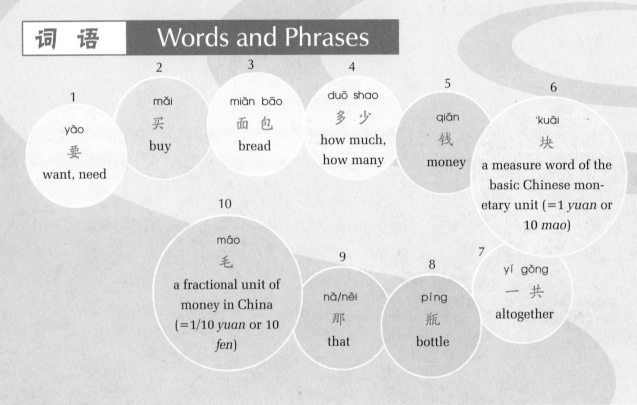

1
yào
要
want, need

2
mǎi
买
buy

3
miàn bāo
面包
bread

4
duō shao
多少
how much,
how many

5
qián
钱
money

6
kuài
块
a measure word of the
basic Chinese monetary unit (=1 *yuan* or
10 *mao*)

10
máo
毛
a fractional unit of
money in China
(=1/10 *yuan* or 10
fen)

9
nǎ/něi
那
that

8
píng
瓶
bottle

7
yí gòng
一共
altogether

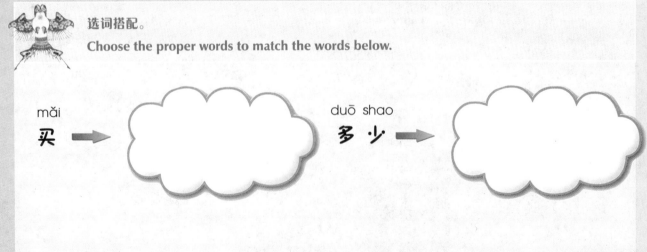

选词搭配。
Choose the proper words to match the words below.

mǎi
买 ➡

duō shao
多少 ➡

句子　Sentences

1. I want two loaves of bread.
2. How much does one cost?
3. It's four *kuai* altogether.
4. How much does that one cost?
5. One and a half *kuai* for each bottle.
6. I want that one.

wǒ yào liǎng ge miàn bāo
1. 我要两个面包。

duō shao qián yí ge
2. 多少钱一个?

yí gòng sì kuài
3. 一共 4 块。

něi ge duō shao qián
4. 那个多少钱?

yí kuài wǔ yì píng
5. 一 块 五 一 瓶。

yào něi ge
6. 要那个。

看图说话　Look and Say

情 景 Scene

Part 1

shòu huò yuán nǐ yào mǎi shén me
售货员： 你要买什么?

mǎ xiū miàn bāo duō shao qián yí ge
马 修： 面 包。多 少 钱 一[11] 个?

shòu huò yuán yí ge liǎng kuài
售货员： 一 个 两[12] 块[13]。

mǎ xiū yào liǎng ge
马 修： 要 两 个。

shòu huò yuán yí gòng sì kuài
售货员： 一 共 4 块。

11 "一" is pronounced with the fourth tone (yì) before a syllable of the first, second or third tone. It is pronounced with the second tone (yí) before a syllable of the fourth tone. E. g. yì tiān (one day), yì nián (one year), yì zhǒng (one kind of) and "yí gòng" (altogether).

12 In this context, "2" cannot be expressed as "èr". Remember when the number "2" is followed by a measure word, it can only expressed as"liǎng". E.g. "两瓶啤酒" or "两个人".

13 In spoken Chinese people usually say kuài instead of yuán, while yuán often appears on price tags in shops.

Waitress:	What do you want to buy?
Matthew:	Bread. How much is it?
Waitress:	Two *kuai* each.
Matthew:	I want two loaves.
Waitress:	It's four *kuai* altogether.

Part 2

mǎ xiū　　zhèi　ge　duō shao qián　yì píng
马 修: 这[14] 个 多 少 钱 一 瓶?

shòu huò yuán　yí kuài wǔ yì píng
售 货 员: 一 块 五 一 瓶。

mǎ xiū　nèi　ge　duō shao qián
马 修: 那 个 多 少 钱?

shòu huò yuán　jiǔ máo
售 货 员: 9 毛[15]。

mǎ xiū　yào nèi ge
马 修: 要 那 个。

shòu huò yuán　yào jǐ píng
售 货 员: 要 几 瓶?

mǎ xiū　wǔ píng
马 修: 5 瓶。

14 "这" is usually pronounced "zhèi", while "那" is usually pronounced "nèi" in spoken Chinese.

15 People say máo instead of jiǎo in spoken Chinese, while jiǎo is often used on price tags in shops.

Matthew:	How much does this bottle cost?
Shop assistant:	One and a half *kuai*.
Matthew:	What about that one?
Shop assistant:	Nine *mao*.
Matthew:	I want that one.
Shop assistant:	How many bottles?
Matthew:	Five bottles.

连线搭配。

Read and match.

nǐ yào mǎi shén me
1. 你 要 买 什 么?

duō shao qián yí ge
2. 多 少 钱 一 个?

nèi ge duō shao qián
3. 那 个 多 少 钱?

zhèi gè duō shao qián yì píng
4. 这 个 多 少 钱 一 瓶?

yào jǐ píng
5. 要 几 瓶?

zhèi ge　yí kuài wǔ yì píng
a. 这 个 一 块 五 一 瓶。

nèi ge jiǔ máo
b. 那 个 9 毛。

yào wǔ píng
c. 要 5 瓶。

yí ge liǎng kuài
d. 一 个 两 块。

wǒ yào mǎi miàn bāo
e. 我 要 买 面 包。

这个多少钱 ▶▶▶

活 动 **Activities**

1 语音练习
Pronunciation

朗读下列词语。
Read aloud.

| yì máo | liǎng máo | sān máo wǔ | bā máo sì | |
| 1 毛 (0.10 块) | 2 毛 (0.20 块) | 2 毛 5 (0.35 块) | 8 毛 4 (0.84 块) | |

| yí kuài | liǎng kuài | sān kuài èr | sì kuài sān | wǔ kuài sì |
| 1.00 块 | 2.00 块 | 3.20 块 | 4.30 块 | 5.40 块 |

| jiǔ kuài líng bā fēn | wǔ kuài líng liù fēn | shí kuài yī máo èr | bā kuài wǔ máo sān |
| 9.08 块 | 5.06 块 | 10.12 块 | 8.53 块 |

| èr shí kuài | sān shí bā kuài | wǔ shí wǔ kuài | jiǔ shí liù kuài |
| 20 块 | 38 块 | 55 块 | 96 块 |

| yì bǎi èr shí wǔ kuài | yì bǎi líng èr kuài | èr bǎi yī shí kuài | sān bǎi yī shí wǔ kuài |
| 125 块 | 102 块 | 210 块 | 315 块 |

 给老师的提示：如果有时间的话，可以教一教 **100 以上** 数字的读法。

2 问与答
Ask and Answer

根据 "情景" 选择合适的句子填空。
Fill in the table according to the "Scene".

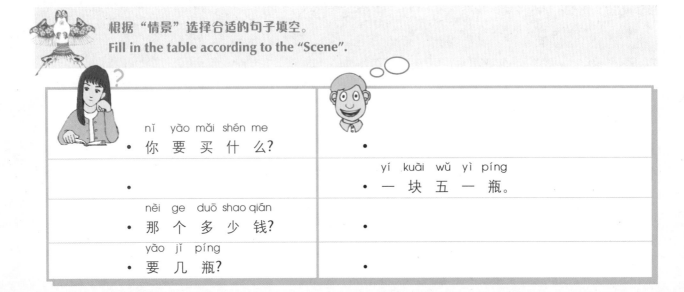

nǐ yào mǎi shén me	
你要买什么？	•
	yí kuài wǔ yì píng
•	一块五一瓶。
nèi ge duō shao qián	
那个多少钱？	•
yào jǐ píng	
要几瓶？	

3 替换练习
Substitution

从小词库里选择合适的词，替换句子中的词语。
Choose the proper words from the word box to substitute the words in the following sentences.

fāng biàn miàn
方 便 面
instant noodles

kuàng quán shuǐ (píng)
矿 泉 水 (瓶)
mineral water (bottle)

小词库 **Word box**

wǒ yào liǎng ge miàn bāo
1. 我 要 两 个 面 包。

miàn bāo duō shao qián yí ge
2. 面 包 多 少 钱 一 个?

LOOK
What other sentences can you make with the patterns above?

4 看图选择
Look and Choose

你去商店买东西的时候，应该怎么问价格呢？选择合适的问句，把序号填在商品下面的小框里。
How do you ask the price when shopping? Please choose the suitable question and write the
number of the question you choose into the boxes under every picture.

先让学生熟悉这些商品的名称和量词，然后再做练习。

yī fu
衣 服
clothes

shū
书
book

kù zi
裤 子
trousers

jiàn
件
item (mainly
used for clothes
or other things)

běn
本
a measure word for
books

tiáo
条
a measure word
used for long or
thin or narrow
things like trousers,
neckties etc.

1. ...... duōshao qián yí ge?

2. ...... duōshao qián yì píng?

3. ...... duōshao qián yì běn?

4. ...... duōshao qián yí jiàn?

5. ...... duōshao qián yì tiáo?

5 双人练习
Pair Work

你们都是小卖部的老板。请先给自己的商品定好价钱，然后询问同伴的定价。比较价格之后，向全班说一说顾客会去谁的商店里买这些东西。

Each of you owns a small shop. Please set the prices of your own commodities, and then go to the other "shop" to ask the prices of the same goods. After comparison, tell the whole class whose shop is more likely to attract customers to buy these commodities.

Names of commodities	Unit price
Miànbāo (gè)	
Fāngbiànmiàn (gè)	
Kuàngquán shuǐ (píng)	

guì
贵
expensive

piān yi
便宜
cheap

6 模拟练习
Simulation

三人一组。请按卡片上的角色(一个售货员、两位顾客)进行模拟买东西的练习。
Work in groups of 3. One will be the shop assistant; the other two, customers. Please perform the scene, buying and selling accordingly.

给老师的提示： 准备好卡片。每组两张卡片，售货员的卡片上用拼音写下几种商品的名称和价格，顾客的卡片上写下要买的东西。

7 看图比较
Look, Compare and Say

两人一组，进行看图比较（图A和图B）。请用汉语描述图上的内容，看看你们的图有什么不一样。
Work in pairs. Each of you will be given a different picture (A or B). Describe your picture in Chinese and then compare with your partner's.

注意: 不要看对方的图,也尽量不要使用手势和身体语言。

Remember: Do not look at each other's pictures during the exercise and try not to use gestures and body language.

8元

8元

3元

10元

980元

chāo shì
超 市
supermarket

bǎi
百
hundred

A

B

3元

2元

3元

4元

80元

chāo shì
超 市
supermarket

bǎi
百
hundred

Wǒ è le.
I am hungry.

即学即用 Learn and Use

写汉字 Write Characters

shāng | 商 | 、 一 十 六 产 产 产 商 商 商 商

diàn | 店 | 、 一 广 广 广 庄 店 店

sān kuài xíng bu xíng

三块行不行

How about three *kuai*

三块行不行 ▶▶▶

目 标　Objectives

- 学会问商品的特点 Learn how to ask about the characteristics of commodities
- 学会讲价 Learn how to bargain

词 语　Words and Phrases

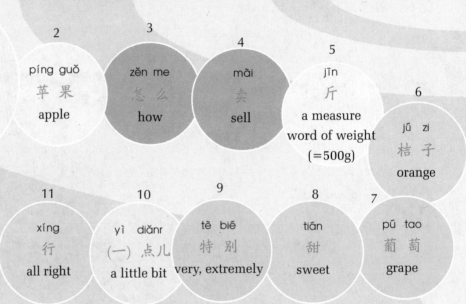

1
shī fu
师傅
a respectful form of address for a skilled worker such as a driver, chef etc.

2
píng guǒ
苹果
apple

3
zěn me
怎么
how

4
mài
卖
sell

5
jīn
斤
a measure word of weight (=500g)

6
jú zi
桔子
orange

11
xíng
行
all right

10
yì diǎnr
(一)点儿
a little bit

9
tè bié
特别
very, extremely

8
tián
甜
sweet

7
pú tao
葡萄
grape

 选词搭配。
Choose the proper words to match the word below.

tián
甜

句子　Sentences

1. How much do the apples cost?
2. You may have four *jin* of these oranges for five *kuai*.
3. Are the grapes sweet?
4. Do you want some?
5. How about three *kuai*?

píng guǒ zěn me mài
1. 苹 果 怎 么 卖？

jú zi wǔ kuài qián sì jīn
2. 桔 子 五 块 钱 四 斤。

pú tao tián ma
3. 葡 萄 甜 吗？

mǎi diǎnr ba
4. 买 点 儿 吧。

sān kuài xíng bu xíng
5. 三 块 行 不 行？

看图说话　Look and Say

三块行不行 ▶▶▶

Part 1

shā sha　shī fu　píng guǒ zěn me mài
莎 莎：师 傅，苹 果 怎 么 卖?

shī fu　píng guǒ liǎng kuài yì jīn
师 傅：苹 果 两 块 一 斤。

shā sha　jú zi ne
莎 莎：桔 子 呢?

shī fu　jú zi wǔ kuài qián sì jīn
师 傅：桔 子 五 块 钱 四 斤。

shā sha　wǒ yào sì jīn jú zi
莎 莎：我 要 四 斤 桔 子。

Shasha:	Sir, how much do these apples cost?
Shifu:	These apples are two *kuai* per *jin*.
Shasha:	How about the oranges?
Shifu:	Five *kuai* for four *jin*.
Shasha:	I'd like 4 *jin* of oranges.

Shasha:	Sir, are the grapes sweet?
Shifu:	Very sweet. Do you want some?
Shasha:	How much does one *jin* cost?
Shifu:	Five *kuai*.
Shasha:	How about three *kuai*?
Shifu:	No way.

Part 2

shā sha　shī fu　pú tao tián ma
莎 莎：师 傅，葡 萄 甜 吗?

shī fu　tè bié tián mǎi diǎnr ba
师 傅：特 别 甜。买 点儿[16] 吧。

shā sha　duō shao qián yì jīn
莎 莎：多 少 钱 一 斤?

shī fu　wǔ kuài
师 傅：五 块。

shā sha　sān kuài xíng bu xíng
莎 莎：三 块 行 不 行[17]?

shī fu　bù xíng
师 傅：不 行。

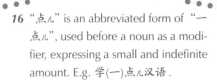

16 "点儿" is an abbreviated form of "一点儿", used before a noun as a modifier, expressing a small and indefinite amount. E.g. 学(一)点儿汉语.

17 This is a question expressed by a sentence consisting of both the affirmative and negative forms of the verb. The answer to this question is "行" or "不行". Or in "你去不去上海?", the answer can be "去" or "不去"

连线搭配。
Read and match.

píng guǒ zěn me mài
1. 苹果 怎么 卖?

jú zi duō shao qián yì jīn
2. 桔子 多少 钱 一 斤?

pú tao tián ma
3. 葡萄 甜 吗?

sān kuài xíng bu xíng
4. 三 块 行 不 行?

tè bié tián mǎi diǎnr ba
a. 特别 甜,买 点儿 吧。

bù xíng
b. 不 行。

píng guǒ liǎng kuài yì jīn
c. 苹果 两 块 一 斤。

jú zi wǔ kuài qián sì jīn
d. 桔子 五 块 钱 四 斤。

活 动　Activities

1 语音练习
Pronunciation

朗读下列词语。
Read aloud.

shuǐ guǒ　　píng guǒ　　jú zi　　pú tao　　xī guā　　táor
水 果　　苹 果　　桔 子　　葡 萄　　西 瓜　　桃儿

2 问与答
Ask and Answer

根据"情景"选择合适的句子填空。
Fill in the table according to the "Scene".

•	•
píng guǒ zěn me mài • 苹果 怎么 卖?	
	tè bié tián mǎi diǎnr ba • 特别 甜,买 点儿 吧。
•	bù xíng • 不 行。

三块行不行 ►►►

3 ▶ 替换练习
Substitution

从小词库里选择合适的词，替换句子中的词语。
Choose the proper words from the word box to substitute the words in the following sentences.

给老师的提示：请先处理小词库的生词，再开始做练习。

小词库 Word box

jú zi
桔子

pú tao
葡萄

kuàng quán shuǐ
矿 泉 水
mineral water

èr shí
二 十

bā shí
八 十
eighty

yì bǎi
一 百
one hun-
dred

píng guǒ zěn me mài
1. 苹 果 怎 么 卖?

sān kuài xíng bu xíng
2. 三 块 行 不 行?

LOOK

What other sentences can you make with these patterns?

4 ▶ 看图选择
Look and Choose

1. 这些水果可能是什么味道的? 请把水果与相应的味道连接起来。
   What could be the tastes of the fruits in the pictures? Please match the fruits and their tastes.
2. 图片中的水果，有的质量很好，有的不太好。你认为这些水果应该卖多少钱一斤?请把价钱写在每种水果下面。
   Some fruits in the pictures are of good quality, some are not.
   How much do you think the fruits will cost per *jin* according to the quality shown in the pictures? Please write your prices under the corresponding pictures.

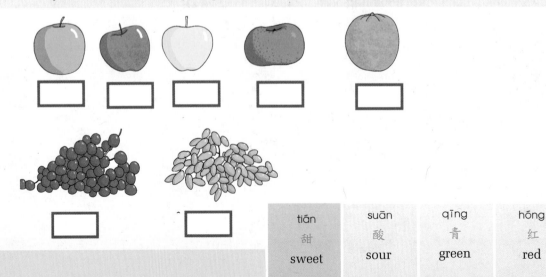

| tián 甜 sweet | suān 酸 sour | qīng 青 green | hóng 红 red |

5 ▶ 双人练习
Pair Work

根据上一练习中给水果的定价，和同伴做买卖水果的讲价练习。交换角色再做一次。
Please perform the scene of bargaining in the fruit market with your partner according to the prices you set in the previous exercise. One can be the seller and the other the buyer. Change roles and do the exercise again.

6 ▶ 模拟练习
Simulation

两人一组。按卡片上的角色(一个服装摊的摊主、一位顾客)做买卖服装的讲价练习。
Work in pairs. One is a clothes seller and the other is a customer. The teacher will hand out cards with prices of different clothes to each group. Please perform the scene of bargaining accordingly.

给老师的提示： 先做好**卡片**。摊主的卡片上写有标价的几种服装，顾客的卡片上写有他想买的衣服和他希望的价位。

7 ▶ 看图比较
Look, Compare and Say

两人一组，进行看图比较(图A和图B)。请用汉语描述图上的内容，看看你们的图有什么不一样。
Work in pairs. Each of you will be given a different picture (A or B). Describe your picture in Chinese and then compare with your partner's.

小词库 Word box

nán
男
man, male

nǚ
女
woman, female

Ⓐ

píng guǒ tián ma
苹 果 甜 吗?

nán
男
man, male

nǚ
女
woman, female

pú tao tián ma
葡萄 甜 吗?

Wǒ wàng le.
I have forgotten.

即学即用 Learn and Use

写汉字 Write Characters

shuǐ 水 丨 水 水

guǒ 果 丶 丨 冂 日 旦 里 果 果

wǒ yào yí ge chǎo jī dàn

我要一个炒鸡蛋

I'd like scrambled eggs

我要一个炒鸡蛋 ▶▶▶

目标 Objectives

- 学会点菜 Learn how to order food
- 学会点饮品 Learn how to order drinks
- 学会点主食 Learn how to order staple foods

词语 Words and Phrases

1. fú wù yuán 服务员 waiter, waitress
2. cài 菜 dish
3. zài 再 again
4. lái 来 order a dish in a restaurant
5. chī 吃 eat
6. zhǔ shí 主食 staple food
7. wǎn 碗 bowl; a measure word
8. mǐ fàn 米饭 cooked rice
9. hái 还 more, still
10. bié de 别的 other
11. le 了 a modal partical used at the end of a sentence to indicate a change of situation
12. xiè xie 谢谢 thanks
13. hē 喝 drink
14. pí jiǔ 啤酒 beer
15. kě lè 可乐 coke
16. dà 大 big
17. xiǎo 小 small

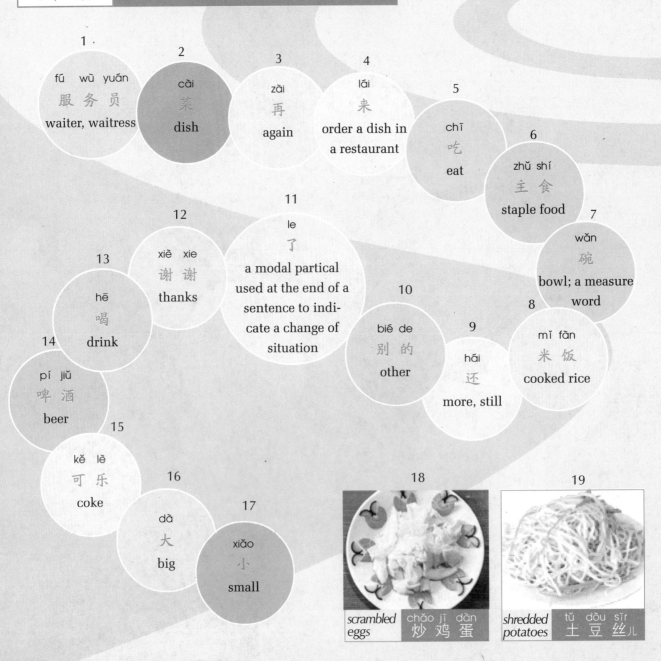

18. scrambled eggs chǎo jī dàn 炒鸡蛋
19. shredded potatoes tǔ dòu sīr 土豆丝儿

选词搭配。

Choose the proper words to match the words below.

chī
吃 →

hē
喝 →

句子　Sentences

nǐ men yào shén me cài
1. 你 们 要 什 么 菜?

yào yí ge chǎo jī dàn
2. 要 一 个 炒 鸡 蛋。

zài lái yí ge tǔ dòu sīr
3. 再 来 一 个 土 豆 丝儿。

chī shén me zhǔ shí
4. 吃 什 么 主 食?

hái yào bié de ma
5. 还 要 别 的 吗?

bú yào le
6. 不 要 了。

1. What would you like to eat ?
2. I'd like scrambled eggs.
3. And add some shredded potato.
4. What staple food would you like?
5. Anything else?
6. No, that will be all.

看图说话　Look and Say

情景 Scene

Part 1

18 "还" and "再" both signify repetition of actions. You can use these two words to ask for more when ordering your food. E.g. "我还要…", or "我再要…". However, you can only use "还" when you ask others what he / she will order.

fú wù yuán nǐ men yào shén me cài
服务员：你们要什么菜？

mǎ xiū yào yí ge chǎo jī dàn
马修：要一个炒鸡蛋。

qiáo dān zài lái yí ge tǔ dòu sīr
乔丹：再来一个土豆丝儿。

fú wù yuán chī shén me zhǔ shí
服务员：吃什么主食？

mǎ xiū lái liǎng wǎn mǐ fàn
马修：来两碗米饭。

fú wù yuán hái yào bié de ma
服务员：还 18 要别的吗？

mǎ xiū bú yào le xiè xie
马修：不要了。谢谢！

Waitress:	What would you like to eat?
Matthew:	I'd like scrambled eggs.
Jordan:	And add some shredded potato.
Waitress:	What staple food would you like?
Matthew:	Please give us two bowls of rice.
Waitress:	Anything else?
Matthew:	No, that will be all. Thanks.

Part 2

fú wù yuán nǐ men hē shén me
服务员：你们喝什么？

mǎ xiū lái liǎng píng pí jiǔ
马修：来两瓶啤酒。

fú wù yuán hái yào shén me
服务员：还要什么？

shā sha zài yào yí ge kě lè
莎莎：再要一个可乐。

fú wù yuán dà de ma
服务员：大的吗？

shā sha bú yào dà de yào xiǎo de
莎莎：不要大的，要小的[19]。

19 Within a sentence, the pattern of an *adjective* ＋ "的" signifies the object which the adjective describes and serves as a noun. In the above text, "大的" and "小的" signify the large and the small Coke respectively.

Waitress:	What would you like to drink?
Matthew:	Three bottles of beer.
Waitress:	Anything else?
Shasha:	Add a coke.
Waitress:	A big one?
Shasha:	Not a big one, a small one.

连线搭配。
Read and match.

nǐ yào shén me cài
1. 你要什么菜？

nǐ chī shén me zhǔ shí
2. 你吃什么主食？

nǐ hē shén me
3. 你喝什么？

hái yào shén me
4. 还要什么？

hái yào bié de ma
5. 还要别的吗？

wǒ yào yí ge chǎo jī dàn
a. 我要一个炒鸡蛋。

bú yào le xiè xie
b. 不要了，谢谢！

lái liǎng wǎn mǐ fàn
c. 来两碗米饭。

zài lái yí ge tǔ dòu sīr
d. 再来一个土豆丝儿。

wǒ yào yí ge xiǎo kě lè
e. 我要一个小可乐。

我要一个炒鸡蛋 ▶▶▶

活 动　Activities

❶ 语音练习
Pronunciation

朗读下列词语。
Read aloud.

cài	zhǔ shí	mǐ fàn	tǔ dòu sīr	chǎo jī dàn
菜	主 食	米 饭	土 豆 丝儿	炒 鸡 蛋

kě lè	pí jiǔ	dà de	xiǎo de	bié de
可 乐	啤 酒	大 的	小 的	别 的

❷ 问与答
Ask and Answer

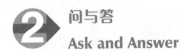

根据"情景"选择合适的句子填空。
Fill in the table according to the "Scene".

•	wǒ yào yí ge chǎo jī dàn zài lái yí ge tǔ dòu sīr • 我 要 一 个 炒 鸡 蛋，再 来 一 个 土 豆 丝儿。
•	lái yì wǎn mǐ fàn • 来 一 碗 米 饭。
hái yào bié de ma • 还 要 别 的 吗?	•
nǐ men hē shén me • 你 们 喝 什 么?	•

3 替换练习
Substitution

从小词库里选择合适的词，替换句子中的词语。
Choose the proper words from the word box to substitute the words in the following sentences.

小词库 Word box

nǐ men yào shén me cài
1. 你们要什么菜？

wǒ yào yí ge chǎo jī dàn
2. 我要一个炒鸡蛋，
zài lái yí ge tǔ dòu sīr
再来一个土豆丝儿。

bú yào dà de yào xiǎo de
3. 不要大的，要小的。

yǐn liào 饮料 beverage

zhǔ shí 主食

liū ròu piānr 熘肉片儿 meat slice sauté

hóng shāo yú 红烧鱼 fish braised in brown sauce

là de 辣的 hot, spicy

pí jiǔ 啤酒

kě lè 可乐

tián de 甜的

LOOK

What other sentences can you make with these patterns?

4 双人练习
Pair Work

你正和同伴商量中午去饭馆吃什么，向同伴询问，并完成表格。
You and your partner are discussing what to eat for lunch in a restaurant. Interview your partner and fill in the table.

小词库 Word box

miàn tiáo 面条 noodles

tǔ dòu sīr 土豆丝儿

chǎo jī dàn 炒鸡蛋

liū ròu piānr 熘肉片儿 meat slice sauté

hóng shāo yú 红烧鱼 fish braised in brown sauce

jiǎo zi 饺子 dumplings

mǐ fàn 米饭

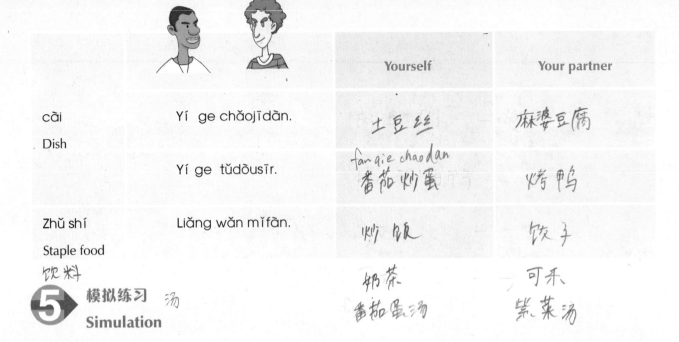

		Yourself	Your partner
cài Dish	Yí ge chǎojīdàn.	土豆丝	麻婆豆腐
	Yí ge tǔdòusīr.	fan qie chao dan 番茄炒蛋	烤鸭
Zhǔ shí Staple food	Liǎng wǎn mǐfàn.	炒饭	饺子
饮料		奶茶	可乐
	汤	番茄蛋汤	紫菜汤

 5 ▶ 模拟练习
Simulation

 三人一组，老师分发卡片。卡片上写着菜、主食、饮料和汤的名字，请学生按角色(一个服务员、两位顾客)进行模拟点菜的表演。

Work in groups of 3. One is the waiter and the other two are the customers. The teacher will hand out cards with different names of dishes, staple foods, drinks and soups to each group. Please perform the scene of ordering food in a restaurant.

 6 ▶ 看图比较
Look, Compare and Say

两人一组，进行看图比较(图A和图B)。请用汉语描述图上的内容，看看你们的图有什么不一样。

Work in pairs. Each one of you will be given a different picture (A or B). Describe your picture in Chinese as far as you can, and then compare with your partner's.

A: Tāmen hē shénme?
(What are they drinking?)
B: Tāmen hē ...
(They are drinking ...)

chá
茶
tea

kā fēi
咖啡
coffee

pí jiǔ
啤酒
beer

bēi
杯
cup

LOOK

Please refer to the sentence patterns in the box.

A: Tāmen hē shénme?
 (What are they drinking?)
B: Tāmen hē ...
 (They are drinking ...)

B

chá 茶 tea	
kā fēi 咖 啡 coffee	
pí jiǔ 啤 酒 beer	
bēi 杯 cup	

即学即用 Learn and Use

Zhēn hǎochī.
Delicious.

写汉字　Write Characters

fàn　饭　｜ノ　Ⱡ　饣　饣　饤　饭　饭

guǎn　馆　｜ノ　Ⱡ　饣　饣　饣　饣　饣　馆　馆　馆

语法自测 2
Grammar Self-check 2

1 选择正确的量词填空。

Please fill in the blanks with the appropriate measure words.

jiàn	gè	píng	běn	tiáo	jīn
件	个	瓶	本	条	斤

1. yī (条) kùzi   2. liǎng (件) yīfu   3. sān (斤) píngguǒ
4. yī (瓶) kuàngquánshuǐ   5. sì (瓶) píjiǔ   6. yī (个) miànbāo
7. qī (本) shū   8. liǎng (个) fāngbiànmiàn

2 用肯定形式和否定形式回答下列问题。

Please answer the questions with the proper affirmative form and the negative form.

Example: Nǐ shì Běijīng rén ma? <u>Shì. / Bú shì.</u>

1. Hái yào biéde ma? 要。/ 不要。
2. Yào dà de ma? 要。/ 不要。
3. Sān kuài xíng bu xíng? 行。/ 不行。
4. Pútao tián ma? 甜。/ 不甜。
5. Nǐ shì xuésheng ma? 是。/ 不是。

3 将下列词语连成句子。

Please reorganize the following words into sentences.

Example: ne Lín Huā wǒ nǐ jiào — <u>Wǒ jiào Lin Huā, nǐ ne?</u>

1. lái tǔdòusīr ge yī zài 再来一个土豆丝儿。
2. píng duōshao píjiǔ yī qián 啤酒明儿我一瓶。

4 看图学词。

Look and learn new words.

mápó dòufu
spicy tofu

tángcùyú
fish in sweet and sour sauce

miàntiáo
noodles

dànchǎofàn
fried rice with scrambled eggs

shāozi
spoon

kuàizi
chopsticks

wǎn
bowl

kǎoyā
roast duck

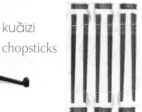

zài wǎng bā

在网吧

In the cyber café

目 标 Objectives

• 学会使用上网用语 **Learn expressions used for surfing the Internet in a cyber café**

词 语 Words and Phrases

1
wǎng bā
网 吧
cyber café

2
lǎo bǎn
老板
boss

3
xiǎo shí
小 时
hour

4
sù dù
速 度
speed

5
kuài
快
fast, quick

6
hěn
很
very

7
yòng
用
use

13
sǐ jī
死 机
it's not responding

12
diàn nǎo
电 脑
computer

11
zěn me le
怎 么 了
what's the problem

10
yí xià
一 下
used after a verb to indicate one action or one try in a short time

9
kàn
看
look, watch, see

8
dōu
都
all

14
ba
吧
a modal particle used at the end of a sentence to indicate the tone of suggestion or requirement

选词搭配。
Choose the proper words to match the words below.

dōu →
都

→ yí xià
一 下

句子　Sentences

yì xiǎo shí duō shao qián
1. 一小时多少钱？

yòng nǎ ge diàn nǎo
2. 用哪个电脑？

nǎ ge dōu xíng
3. 哪个都行。

lǎo bǎn nǐ lái kàn yí xià
4. 老板，你来看一下。

zěn me le
5. 怎么了？

yòng nèi ge ba
6. 用那个吧。

1. How much per hour?
2. Which computer can I use?
3. Any one is OK.
4. Sir, please come and have a look.
5. What's the problem?
6. Use that one then.

看图说话　Look and Say

情 景 Scene

Part 1

qiáo dān   lǎo bǎn   yì   xiǎo shí duō shao qián
乔 丹：老　板[20]，一 小 时 多 少 钱？

lǎo bǎn sì   kuài
老 板：四 块。

qiáo dān sù   du kuài ma
乔 丹：速 度 快 吗？

lǎo bǎn hěn kuài
老 板：很 快。

qiáo dān yòng nǎ   ge
乔 丹：用 哪 个？

lǎo bǎn nǎ   ge dōu xíng
老 板：哪 个 都 行[21]。

20 Here "老板" is a way to address the owner of the cyber café. It is also used for the owner of small restaurants and shops.

21 Here, "哪个都行" means any computer will do. For another example, "哪个商店都有面包" means any (or every) shop has bread.

Jordan: Sir, how much per hour?

Boss: Four *kuai*.

Jordan: Is it fast?

Boss: Very fast.

Jordan: Which computer can I use?

Boss: Any one.

Part 2

qiáo dān   lǎo bǎn nǐ   lái kàn yí xià
乔 丹：老 板，你 来 看 一 下。

lǎo bǎn   zěn me le
老 板：怎 么 了？

qiáo dān   diàn nǎo sǐ jī le
乔 丹：电 脑 死 机 了。

lǎo bǎn   nǐ yòng nèi ge ba
老 板：你 用 那 个 吧。

Jordan: Sir, please come and have a look.
Boss: What's the problem?
Jordan: It's not responding.
Boss: Use that one then.

连线搭配。
Read and match.

yì xiǎo shí duō shao qián
1. 一 小 时 多 少 钱？

sù du kuài ma
2. 速 度 快 吗？

yòng nǎ ge
3. 用 哪 个？

zěn me le
4. 怎 么 了？

yòng nǎ ge dōu xíng
a. 用 哪 个 都 行。

diàn nǎo sǐ jī le
b. 电 脑 死 机 了。

sù du hěn kuài
c. 速 度 很 快。

yì xiǎo shí sì kuài
d. 一 小 时 四 块。

活 动　Activities

1 语音练习
Pronunciation

朗读下列词语。
Read aloud.

diàn nǎo	lǎo bǎn	sù dù	hěn kuài
电 脑	老 板	速 度	很 快

kàn yí xià	zěn me le	sǐ jī le
看 一 下	怎 么 了	死 机 了

2 问与答
Ask and Answer

根据"情景"选择合适的句子填空。
Fill in the table according to the "Scene".

• 用哪个？	nǎ ge dōu xíng • 哪 个 都 行。
• 一小时多少钱？	yì xiǎo shí sì kuài • 一 小 时 四 块。
zěn me le • 怎 么 了？	• 电脑死机了。 hěn kuài
• 速度快吗？	• 很 快。

在网吧 ▶▶▶

3 ▶ 替换练习
Substitution

从小词库里选择合适的词，替换句子中的词语。

Choose the proper words from the word box to substitute the words in the following sentences.

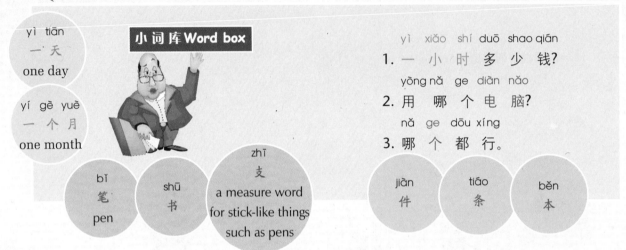

yì tiān
一 天
one day

yí gè yuè
一 个 月
one month

小词库 Word box

bǐ
笔
pen

shū
书

zhī
支
a measure word
for stick-like things
such as pens

yì xiǎo shí duō shao qián
1. 一 小 时 多 少 钱?

yòng nǎ ge diàn nǎo
2. 用 哪 个 电 脑?

nǎ ge dōu xíng
3. 哪 个 都 行。

jiàn
件

tiáo
条

běn
本

4 ▶ 看图选择
Look and Choose

A

B

邮件正在发送

C

1. fā yóujiàn
   send e-mail

2. wánr yóuxì
   play video game

3. shàngwǎng
   surf the net

给老师的提示： 学生做好以后，请他们读一读这3个与**电脑**有关的短语。

5 双人练习

Pair Work

今天是星期天，马修想做下面3件事，请你帮他安排时间，然后参考例句，和同伴做问答练习。

It's Sunday today and Matthew is going to do 3 things. Please help him plan his schedule. Then use the examples provided to practice questions and answers with your partner.

几点 + V
什么时候 + V

小词库 Word box

Things Matthew wants to do	When to do it	
	yourself	*partner*
Shàngwǎng 上网	下午 2:00	下午 #2:00
Fā yóujiàn 发邮件	上午 8:00	晚上 8:30
Wán(r) yóuxì 玩(儿)游戏	晚上 9:00	上午 7:30

kàn diàn shì
看电视

写作业

A: Tā shàngwǔ gàn shénme?
中午 12:部 (What will he do in the morning?) *晚上 6:30*
晚上 11:30 B: Tā shàngwǔ… *晚上 8:00*
(In the morning he...)

shàng wǔ
上 午

xià wǔ
下 午

wǎn shang
晚 上

zhōng wǔ
中 午
noon

6 看图比较

Look, Compare and Say

两人一组，进行看图比较（图A和图B）。请用汉语描述图上的内容，看看你们的图有什么不一样。

Work in pairs. Each of you will be given a different picture (A or B). Describe your picture in Chinese and then compare with your partner's.

shàng wǎng
上 网

dǎ diàn huà
打 电 话
make a phone call

kàn diàn shì
看 电 视
watch TV

tóng wū
同 屋
roommate

(A)

B

shàng wǎng	上网	
dǎ diàn huà	打电话	make a phone call
kàn diàn shì	看电视	watch TV
tóng wū	同屋	roommate

即学即用 Learn and Use

Zěnme bàn?
What can I do?

写汉字 Write Characters

 wǎng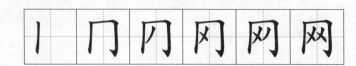

 bā

qǐng wèn   qù   yín háng zěn me   zǒu

请问，去银行怎么走

Excuse me, how do I get to the bank

请问，去银行怎么走 ▶▶▶

目 标 Objectives

- 学会简单的方位词 Learn simple words for locations
- 学会问路 Learn how to ask for directions
- 学习询问和说明某一物体的基本方位 Learn how to ask about and describe locations

词 语 Words and Phrases

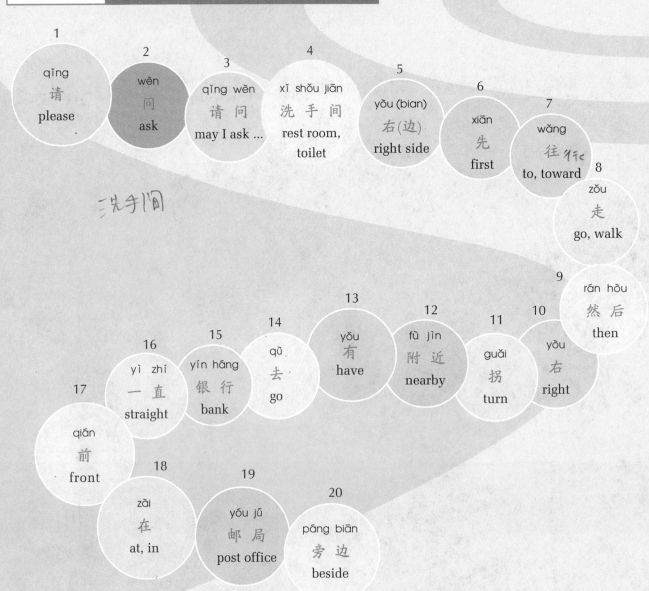

1 qǐng 请 please

2 wèn 问 ask

3 qǐng wèn 请问 may I ask ...

4 xǐ shǒu jiān 洗手间 rest room, toilet

5 yòu (bian) 右(边) right side

6 xiān 先 first

7 wǎng 往 to, toward

8 zǒu 走 go, walk

9 rán hòu 然后 then

10 yòu 右 right

11 guǎi 拐 turn

12 fù jìn 附近 nearby

13 yǒu 有 have

14 qù 去 go

15 yín háng 银行 bank

16 yì zhí 一直 straight

17 qián 前 front

18 zài 在 at, in

19 yóu jú 邮局 post office

20 páng biān 旁边 beside

选词搭配。

Choose the proper words to match the words below.

qù
去 ➡

zài
在 ⬇

1. Excuse me, where is the rest room?
2. To the right.
3. Straight ahead first, then turn right.
4. Is there a bank nearby?
5. How can I get to the bank?
6. The bank is next to the post office.

句 子　　Sentences

qǐng wèn xǐ shǒu jiān zài nǎr
1. 请 问,洗 手 间 在 哪儿?

zài yòu bian
2. 在 右 边。

xiān wǎng qián zǒu, rán hòu wǎng yòu guǎi
3. 先 往 前 走,然 后 往 右 拐。

fù jìn yǒu yín háng ma
4. 附 近 有 银 行 吗?

qù yín háng zěn me zǒu
5. 去 银 行 怎 么 走?

yín háng zài yòu jú páng biān
6. 银 行 在 邮 局 旁 边。

看图说话　　Look and Say

情 景　　Scene

Part 1

qiáo dān qǐng wèn xǐ shǒu jiān zài nǎr
乔 丹：请 问，洗 手 间 在 哪儿?

fú wù yuán zài yòu bian
服 务 员：在 右 边。

qiáo dān zěn me zǒu
乔 丹：怎 么 走?

fú wù yuán xiān wǎng qián zǒu rán hòu wǎng yòu guǎi
服 务 员：先 往 前 走，然 后 往 右 拐。

qiáo dān xiè xie
乔 丹：谢 谢!

Jordan:	Excuse me, where is the rest room?
Waitress:	To the right.
Jordan:	Could you show me the way?
Waitress:	Straight ahead first, then turn right.
Jordan:	Thanks.

Part 2

qiáo dān fù jìn yǒu yín háng ma
乔 丹：附 近 有²² 银 行 吗?

xíng rén yǒu
行 人：有。

qiáo dān qù yín háng zěn me zǒu
乔 丹：去 银 行 怎 么 走?

xíng rén yì zhí wǎng qián zǒu zài yóu jú páng biān
行 人：一 直 往 前 走，在 邮 局 旁 边²³。

qiáo dān xiè xie
乔 丹：谢 谢!

22 "有" indicates the location, existence or possession of something. The negative form of "有" is "没有" rather than "不有".

23 The pattern " 在 +place +location word" is used to indicate a location.

Jordan:	Is there a bank nearby?
Pedestrian:	Yes.
Jordan:	How can I get to the bank?
Pedestrian:	Go straight ahead, it is next to the post office.
Jordan:	Thanks.

连线搭配。
Read and match.

xǐ shǒu jiān zài nǎr
1. 洗 手 间 在 哪儿?

yín háng zài nǎr
2. 银 行 在 哪儿?

fù jìn yǒu yín háng ma
3. 附 近 有 银 行 吗?

qù yín háng zěn me zǒu
4. 去 银 行 怎 么 走?

xiān wǎng qián zǒu rán hòu wǎng yòu guǎi
a. 先 往 前 走，然 后 往 右 拐。

yǒu méi yǒu
b. 有。/ 没 有。

xǐ shǒu jiān zài yòu bian
c. 洗 手 间 在 右 边。

yín háng zài yóu jú de páng biān
d. 银 行 在 邮 局 的 旁 边。

活 动 Activities

语音练习
Pronunciation

朗读下列词语。
Read aloud.

zěn me	nǎr	yín háng	yóu jú	xǐ shǒu jiān
怎 么	哪儿	银 行	邮 局	洗 手 间

yòu bian	qián bian	páng biān	nà biān	fù jìn
右 边	前 边	旁 边	那 边	附 近

2 问与答
Ask and Answer

根据"情景"选择合适的句子填空。
Fill in the table according to the "Scene".

xǐ shǒu jiān zài nǎr • 洗 手 间 在 哪儿?	• 洗手间在右边。
• 附近有银行吗？	yǒu • 有。
qù yín háng zěn me zǒu • 去 银 行 怎 么 走?	• 先往前走，然后往右拐。
• 银行在哪儿？	yín háng zài yóu jú páng biān • 银 行 在 邮 局 旁 边。

3 替换练习
Substitution

从小词库里选择合适的词，替换句子中的词语。
Choose the proper words from the word box to substitute the words in the following sentences.

xǐ shǒu jiān zài nǎr
1. 洗 手 间 在 哪儿?

qǐng wèn qù yín háng zěn me zǒu
2. 请 问, 去 银 行 怎 么 走?

wǎng yòu guǎi
3. 往 右 拐。

小词库 Word box

yóu jú
邮 局

shāng diàn
商 店
shop

lín huā jiā
林 华 家
Lin Hua's
home

fàn guǎnr
饭 馆儿
restaurant

kàn
看
look, see,
watch

zǒu
走

4 看图选择

Look and Choose

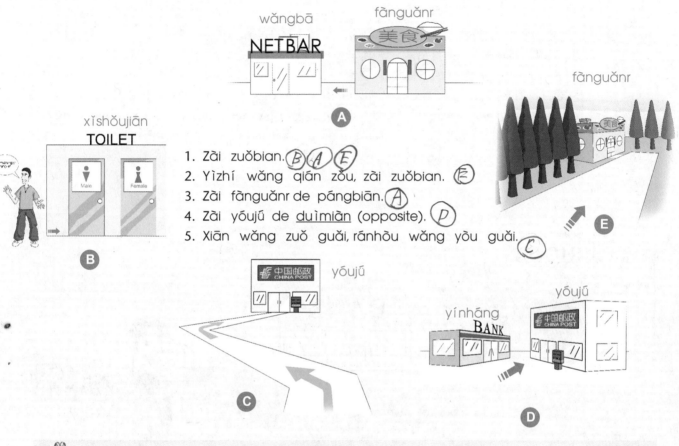

wǎngbā

NETBAR

fànguǎnr

美食

A

xǐshǒujiān

TOILET

Male Female

B

1. Zài zuǒbian. B A E

2. Yìzhí wǎng qián zǒu, zài zuǒbian. E

3. Zài fànguǎnr de pángbiān. A

4. Zài yóujú de duìmiàn (opposite). D

5. Xiān wǎng zuǒ guǎi, ránhòu wǎng yòu guǎi. C

fànguǎnr

E

中国邮政 CHINA POST

yóujú

C

yínháng

BANK

yóujú

中国邮政 CHINA POST

D

看图回答下列问题。把图号写在问题的后面。

Please look at the pictures above and answer the questions below. Fill in the brackets with A-E.

wǎng bā zài nǎr
1. 网 吧 在 哪儿?　　　　　(　　)

yín háng zài nǎr
2. 银 行 在 哪儿?　　　　　(　　)

xǐ shǒu jiān zài nǎr
3. 洗 手 间 在 哪儿?　　　　(　　)

qù yóu jú zěn me zǒu
4. 去 邮 局 怎 么 走?　　　　(　　)

qù fàn guǎnr zěn me zǒu
5. 去 饭 馆儿 怎 么 走?　　　(　　)

5 双人练习
Pair Work

林华邀请马修、乔丹和莎莎到他家做客。请仔细看看林华家的方位图。从图上标出的3个位置出发，都能到林华家。和同伴商量一下你们想从哪里出发怎么走。然后，和别的组比较。

Lin Hua invites Matthew, Jordan and Shasha to his home. Please look carefully at the map below for the location of Lin Hua's home. It shows that you can start from 3 positions all leading to Lin Hua's home. Please discuss with your partner where to start and how to describe the path clearly in Chinese. Share your decision and description with others and see if theirs are different from yours.

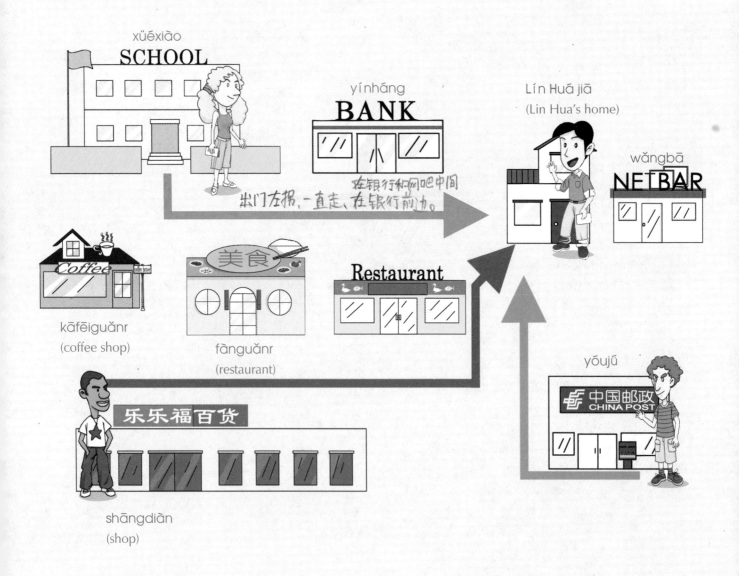

6 看图比较
Look, Compare and Say

两人一组，进行看图比较（图A和图B）。请用汉语描述图上的内容，看看你们的图有什么不一样。
Work in pairs. Each one of you will be given a different picture (A or B). Describe your picture in Chinese as far as you can, and then compare with your partner's.

A

小词库 Word box
fù qin 父 亲 father
mǔ qin 母 亲 mother
qián bian 前 边 in front
hòu bian 后 边 behind
zuǒ bian 左 边 left
yòu bian 右 边

即学即用　Learn and Use

Méi wèntí.
No problem.

B

小词库 Word box

fù qin	父亲	father
mǔ qin	母亲	mother
qián bian	前边	in front
hòu bian	后边	behind
zuǒ bian	左边	left
yòu bian	右边	

写汉字 Write Characters

xǐ 洗 ： 丶 冫 氵 氵 氵 汁 泩 涉 洗

shǒu 手 ： 一 二 三 手

jiān 间 ： 丶 丨 门 门 问 间 间

shī fu　　zài zhèr　　tíng yí xià

师傅，在这儿停一下

Sir, stop here

- 学会乘坐出租车的常用语 Learn the vocabulary needed in a taxi
- 学习询问和说明乘车路线 Learn how to ask about and describe routes

词 语 Words and Phrases

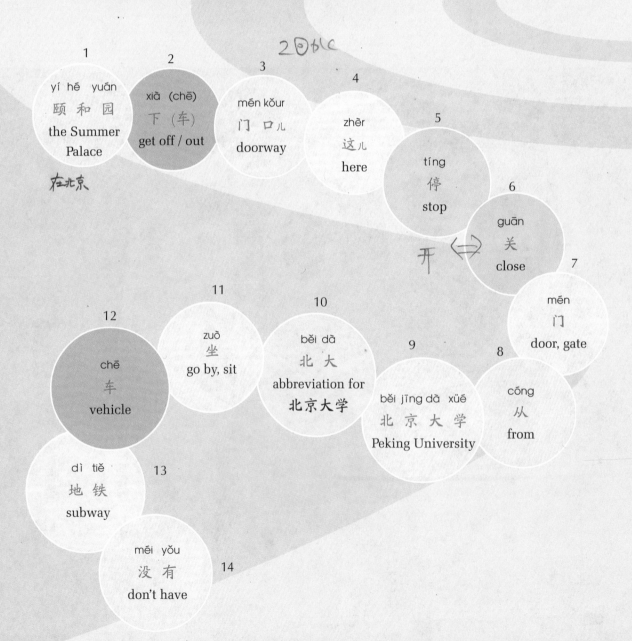

1. yí hé yuán 颐和园 the Summer Palace *在北京*
2. xià (chē) 下（车）get off / out
3. mén kǒur 门口儿 doorway *2⃝ble*
4. zhèr 这儿 here
5. tíng 停 stop
6. guān 关 close *开 ⇐*
7. mén 门 door, gate
8. cóng 从 from
9. běi jīng dà xué 北京大学 Peking University
10. běi dà 北大 abbreviation for 北京大学
11. zuò 坐 go by, sit
12. chē 车 vehicle
13. dì tiě 地铁 subway
14. méi yǒu 没有 don't have

选词搭配。

Choose the proper words to match the words below.

zuò
坐 ➡ 车飞机　　tíng
停 ➡ 一个车　　guān
关 ➡ 门

1. I'd like to go to the Summer Palace.
2. Stop here.
3. How do I get to Peking University from the Summer Palace by bus?
4. Is there a subway?
5. Take the bus 716.
6. I want to get off here.

句　子　Sentences

おきかえて1回かく

wǒ qù yí hé yuán
1. 我 去 颐 和 园。

zài zhèr tíng yí xià
2. 在 这儿 停 一 下。

cóng yí hé yuán qù běi jīng dà xué zěn me zuò chē
3. 从 颐 和 园 去 北 京 大 学 怎 么 坐 车?

(到)
dào

yǒu dì tiě ma
4. 有 地 铁 吗?

zuò qī yāo liù
5. 坐 7 1 6。

wǒ zài zhèr xià chē
6. 我 在 这儿 下 车。

看图说话　Look and Say

cóng yí hé yuán
从 颐 和 园…?

5.

716路

TAXI

2.(6).

qù nǎr
去 哪儿?

上.

情 景　Scene

Part 1

shī fu qù nǎr
师　傅：去 哪儿?

mǎ xiū qù yí hé yuán
马　修：去 颐 和 园。

shī fu zài nǎr xià chē
师　傅：在 哪儿 下 车?

mǎ xiū zài yí hé yuán mén kǒur
马　修：在 颐 和 园 门 口儿。

shī fu hǎo
师　傅：好。

（20 分钟后　20 fēn zhōng hòu）

mǎ xiū shī fu zài zhèr tíng yí xià xíng ma
马　修：师 傅, 在 这儿 停 一 下, 行 吗²⁴?

shī fu xíng
师　傅：行。

24 "行吗" is used at the end of a statement of opinion to ask for comments from others. With "行吗", the tone appears to be more polite. The affirmative answer can be "行"，"可以" or "好"。

Driver:	Where are you going?
Matthew:	The Summer Palace.
Driver:	Where do you want to get off?
Matthew:	At the front gate.
Driver:	Ok.
	(Twenty minutes later)
Matthew:	Sir, could you stop here please?
Driver:	Ok.

Part 2

mǎ xiū　　shī fu wǒ qù yí hé yuán
马 修：师 傅，我 去 颐 和 园。

shī fu　　qǐng guān hǎo[25] mén
师 傅：请 关 好[25] 门。

mǎ xiū　　qǐng wèn cóng yí hé yuán qù běi dà zěn me zuò chē
马 修：请 问，从 颐 和 园 去 北 大 怎 么 坐 车？

shī fu　　zuò qī yāo liù
师 傅：坐 7 1 6[26]。

mǎ xiū　　yǒu dì tiě ma
马 修：有 地 铁 吗？

shī fu　　méi yǒu
师 傅：没 有。

（10 分钟后 10 fēn zhōng hòu）

mǎ xiū　　shī fu wǒ zài zhèr xià chē
马 修：师 傅，我 在 这儿 下 车。

shī fu　　hǎo
师 傅：好[27]！

25 The adjective "好" used after the verb "关" is a complement showing that an action has been completed satisfactorily.

26 The numeral "1" is often pronounced as "yāo" rather than "yī" in telephone numbers, bus numbers and room numbers etc. in order to distinguish "yī(1)" from "qī(7)". For instance: room 413 is read aloud as "sì yāo sān".

27 Here "好" means "all right", "ok". "好" or "好啊" is usually used to express agreement.

Matthew:	Sir, I'd like to go to the Summer Palace.
Driver:	Please shut the door.
Matthew:	Excuse me, how do I get to Peking University from the Summer Palace by bus?
Driver:	Take the bus 716.
Matthew:	Is there a subway?
Driver:	No.
	(10 minutes later)
Matthew:	Sir, I'd like to get off here.
Driver:	Ok.

连线搭配。
Read and match.

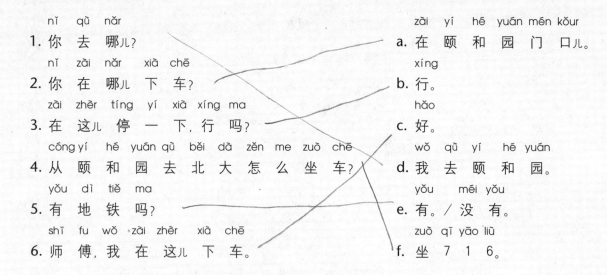

nǐ qù nǎr
1. 你 去 哪儿?

nǐ zài nǎr xià chē
2. 你 在 哪儿 下 车?

zài zhèr tíng yí xià xíng ma
3. 在 这儿 停 一 下, 行 吗?

cóng yí hé yuán qù běi dà zěn me zuò chē
4. 从 颐 和 园 去 北 大 怎 么 坐 车?

yǒu dì tiě ma
5. 有 地 铁 吗?

shī fu wǒ zài zhèr xià chē
6. 师 傅, 我 在 这儿 下 车。

zài yí hé yuán mén kǒur
a. 在 颐 和 园 门 口儿。

xíng
b. 行。

hǎo
c. 好。

wǒ qù yí hé yuán
d. 我 去 颐 和 园。

yǒu méi yǒu
e. 有。／没 有。

zuò qī yāo liù
f. 坐 7 1 6。

活 动　　Activities

1 语音练习
Pronunciation

朗读下列词语。
Read aloud.

dì tiě
地 铁

mén kǒur
门 口儿

shī fu
师 傅

xià chē
下 车

zuò chē
坐 车

guān mén
关 门

yí hé yuán
颐 和 园

běi jīng dà xué
北 京 大 学

2 问与答
Ask and Answer

根据"情景"选择合适的句子填空。
Fill in the table according to the "Scene".

nǐ qù nǎr • 你 去 哪儿?	• 我去颐和园。
• 你在哪儿下车?	zài yí hé yuán mén kǒur • 在 颐 和 园 门 口儿。
cóng yí hé yuán qù běi jīng dà xué zěn me zuò chē • 从 颐 和 园 去 北 京 大 学 怎 么 坐 车?	• 坐 716。
yǒu dì tiě ma • 有 地 铁 吗?	• 有。 / 没有。

3 替换练习
Substitution

从小词库里选择合适的词,替换句子中的词语。
Choose the proper words from the word box to substitute the words in the following sentences.

小词库 Word box

wǒ qù yí hé yuán
1. 我 去 颐 和 园。

qù běi jīng dà xué zěn me zuò chē
2. 去 北 京 大 学 怎 么 坐 车?

yǒu dì tiě ma
3. 有 地 铁 吗?

zài nǎr xià chē
4. 在 哪儿 下 车?

yín háng 银 行	yóu jú 邮 局
mín zú dà xué 民 族 大 学 University for Nationalities	
pí jiǔ miàn bāo rén 啤酒 面 包 人	
chī fàn mǎi miàn bāo 吃饭 买 面 包 buy bread	

4 模拟练习
Simulation

先从下面的彩球中选择一个你要去的地方。问问同伴，他要去哪儿。和同伴做打车表演的练习。
（一个人扮演出租车司机，一个人扮演乘客）
Please choose a destination from the balloons below. Ask several classmates about places they want to go. Then practice how to take a taxi with your partner with one of you as the taxi driver and the other a passenger.

fēi jī chǎng
（飞）机场
airport

tiān ān mén
天安门
Tian An Men

shàng hǎi dà xué
上海大学
Shanghai University

huǒ chē zhàn
火车站
railway station

yóu jú
邮局

A: Nǐ qù nǎr?
(Where are you going?)
B: Wǒ qù...
(I'm going to...)

Zài... tíng yíxià, hǎo ma?
(Stop at ...,all right?)

5 看图比较
Look, Compare and Say

两人一组，进行看图比较（图A和图B）。请用汉语描述图上的内容，看看你们的图有什么不一样。
Work in pairs. Each of you will be given a different picture (A or B). Describe your picture in Chinese and then compare with your partner's.

chū zū chē
出租车
taxi

liàng
辆
a measure word for vehicle

sī jī
司机
driver

zhāo jí
着急
anxious

gāo xìng
高兴
happy, glad

(A)

即学即用　Learn and Use

Màn diǎnr!
Slow down!

写汉字　Write Characters

tiān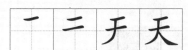

ān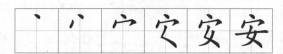

mén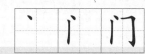

语法自测 3
Grammar Self-check 3

1 根据划线的部分提问。

Ask questions according to the underlined parts in the sentences below.

Example: Wǒ yào yí ge <u>chǎojīdàn</u>.　　Nǐ yào shénme cài?
　　　　　　我要一个<u>炒鸡蛋</u>。　　　　你要什么菜?

1. Yínháng <u>zài yóujú pángbiān</u>. 银行在哪儿?

2. Wǒ shì <u>Yīngguó rén</u>. 你是哪国人?

3. Tā jiào <u>Lín Huá</u>. 你叫什么名字?

4. Wǒmen <u>bā diǎn</u> shàngkè. 你们几点上课吗?

5. Jīntiān <u>xīngqī sì</u>. 今天星期几?

6. Wǒmen xiàwǔ <u>shàngkè</u>. 你们下午上课吗?

7. Wǒ shì <u>xuésheng</u>. 你是学生吗? 你做什么工作?

8. Wǒ zhù <u>wǔ hào lóu sānlíngèr fángjiān</u>. 你住哪儿? (哪个房间)

9. Miànbāo <u>yí kuài</u> yí gè. 面包多少钱一个?

10. Wǒ yào <u>wǔ píng</u> píjiǔ. 你要什么? 你要几瓶啤酒?

11. Pútao <u>tèbié tián</u>. 葡萄甜吗? 葡萄怎么样?

12. Qù yínháng <u>yìzhí wǎng qián zǒu</u>. 去银行怎么走?

13. Qù Běijīng Dàxué zuò <u>qīyāoliù</u>. 去北京大学怎么坐车? 坐几路车?

14. Zhèr méiyǒu <u>dìtiě</u>. 有地铁吗? 这儿

2 将下列词语连成句子。

Please reorganize the following words into sentences.

Example: ne Lín Huá wǒ nǐ jiào ——— <u>Wǒ jiào Lín Huá, nǐ ne?</u>

1. xiān ránhòu wǎng qián wǎng yòu guǎi zǒu 先往前走，然后往右拐。

2. ma yǒu xǐshǒujiān fùjìn 附近有洗手间吗?

3. Yíhéyuán Běijīng Dàxué cóng qù chē zuò zěnme 从颐和园去北京大学怎么坐车?

3 看图学词。

Look and learn new words.

fēijī
airplane

huǒchē
train

fēijīchǎng
airport

chūzūchē
taxi

zìxíngchē
bicycle

huǒchēzhàn
railway station

wǒ　yào　huàn qián

我要换钱

I'd like to change money

目 标 Objectives

- 学会兑换人民币 Learn how to change foreign currencies into *Renminbi*
- 学会表达汇率 Learn to express the exchange rate

词 语 Words and Phrases

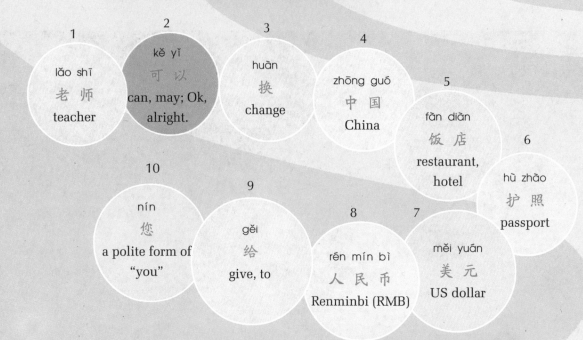

1
lǎo shī
老师
teacher

2
kě yǐ
可以
can, may; Ok, alright.

3
huàn
换
change

4
zhōng guó
中国
China

5
fàn diàn
饭店
restaurant, hotel

6
hù zhào
护照
passport

7
měi yuán
美元
US dollar

8
rén mín bì
人民币
Renminbi (RMB)

9
gěi
给
give, to

10
nín
您
a polite form of "you"

 选词搭配。
Choose the proper words to match the words below.

gěi
给 →

huàn
换 →

句 子　　Sentences

zài nǎr kě yǐ huàn qián
1. 在 哪儿 可 以 换 钱？

yào hù zhào ma
2. 要 护 照 吗？

yì měi yuán huàn duō shao rén mín bì
3. 一 美 元 换 多 少 人 民 币？

wǒ yào huàn èr bǎi měi yuán
4. 我 要 换 200 美 元。

1. Where can I change money?
2. Is my passport required?
3. What is the exchange rate for one US dollar?
4. I want to change 200 US dollars.

看 图 说 话　　Look and Say

____？

zài yín háng
在 银 行
kě yǐ huàn qián
可 以 换 钱。

yào
要。

护照

____？

____。

$200

bā kuài sān
八 块 三。

____？

A

B

C

D

我要换钱 ▶▶▶

情 景 Scene

Part 1

28 "要" here means "need", "require".

qiáo dān   lǎo shī zài nǎr   kě yǐ huàn qián
乔 丹：老 师，在 哪儿 可 以 换 钱？
chén lǎo shī zài zhōng guó yín háng hé dà fàn diàn dōu kě yǐ
陈 老 师：在 中 国 银 行 和 大 饭 店 都 可 以。
qiáo dān yào   hù zhào ma
乔 丹：要²⁸ 护 照 吗？
chén lǎo shī yào
陈 老 师：要。

Jordan: Ms. Chen, where can I change money?
Ms. Chen: At the Bank of China or major hotels.
Jordan: Is my passport required?
Ms. Chen: Yes.

Part 2

qiáo dān qǐng wèn yì měi yuán huàn duō shao rén mín bì
乔 丹：请 问，一 美 元 换 多 少 人 民 币？
zhí yuán bā kuài sān
职 员：八 块 三。
qiáo dān wǒ yào huàn èr bǎi měi yuán
乔 丹：我 要 换 200 美 元。
zhí yuán nín de hù zhào
职 员：您 的 护 照？
qiáo dān gěi nín
乔 丹：给 您。

Jordan: Excuse me, what is the exchange rate for one US dollar?
Teller: Eight *kuai* three *mao*.
Jordan: I want to change 200 US dollars.
Teller: Your passport, please.
Jordan: Here you are.

连线搭配。
Read and match.

zài nǎr kě yǐ huàn qián
1. 在 哪儿 可 以 换 钱?

yào hù zhào ma
2. 要 护 照 吗?

yì měi yuán huàn duō shao rén mín bì
3. 一 美 元 换 多 少 人 民 币?

nín de hù zhào
4. 您 的 护 照?

gěi nín
a. 给 您。

huàn bā kuài sān
b. 换 八 块 三。

yào bú yào
c. 要。/ 不 要。

zài zhōng guó yín háng hé dà fàn diàn dōu kě yǐ
d. 在 中 国 银 行 和 大 饭 店 都 可 以。

活 动   Activities

1 语音练习
Pronunciation

朗读下列词语。
Read aloud.

měi yuán   rén mín bì
美 元   人 民 币

kě yǐ   huàn qián   gěi nín
可 以   换 钱   给 您

zhōng guó   fàn diàn   lǎo shī   hù zhào
中 国   饭 店   老 师   护 照

我要换钱 ▶▶▶

2 问与答
Ask and Answer

根据"情景"选择合适的句子填空。
Fill in the table according to the "Scene".

· 在哪儿可以换钱？	zài zhōng guó yín háng hé dà fàn diàn dōu kě yǐ · 在 中 国 银 行 和 大 饭 店 都 可 以。
yào hù zhào ma · 要 护 照 吗？	· 要。/ 不要。
· 一美元换多少人民币？	bā kuài sān · 八 块 三。
nǐ yào huàn duō shao měi yuán · 你 要 换 多 少 美 元？	· 我要换200美元。

3 替换练习
Substitution

从小词库里选择合适的词，替换句子中的词语。
Choose the proper words from the word box to substitute the words in the following sentences.

zài zhōng guó yín háng hé dà fàn diàn dōu kě yǐ
1. 在 中 国 银 行 和 大 饭 店 都 可 以。

yào hù zhào ma
2. 要 护 照 吗？

小词库 Word box

yóu jú	běi jīng	shàng hǎi	yín háng
邮 局	北 京	上 海	银 行

zhào piānr	zhèng jiàn	
照 片 儿	证 件	
photograph	ID	

4 ▶ 双人练习
Pair Work

下面是最新的外币汇率表，请根据表格中的内容回答下面的问题。
This is the latest foreign currency exchange rate table. Please answer the questions according to the rates.

Foreign currencies	Exchange for RMB
Yì Měiyuán 　　one US dollar	8.^{3}
Yì Ōuyuán 　　one Euro	10.^{00}

1. Yì Měiyuán huàn duōshao rénmínbì?
2. Yì Ōuyuán huàn duōshao rénmínbì?

5 ▶ 模拟练习
Simulation

两人一组。请根据上面的汇率表，按卡片上的角色(一个银行职员、一位顾客)进行模拟换钱的练习。
Work in pairs. One is a bank clerk and the other is a customer. The teacher will hand out cards with names of different currencies to each group. Please perform the scene of exchanging money.

给老师的提示：先做好**卡片**，写上钱数和币种。

6 ▶ 看图比较
Look, Compare and Say

 两人一组，进行看图比较（图A和图B）。请用汉语描述图上的内容，看看你们的图有什么不一样。
Work in pairs. Each of you will be given a different picture (A or B). Describe your picture in Chinese and then compare with your partner's.

即学即用　Learn and Use

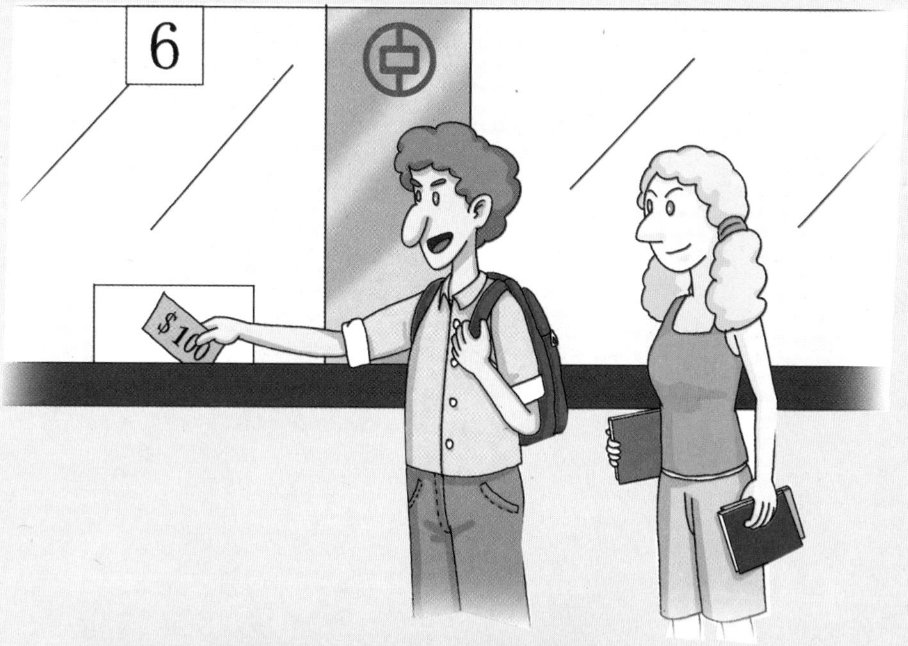

B

写汉字 Write Characters

Cháng 长 ㇒ ㇓ 长 长

Chéng 城 一 十 土 圵 圹 坊 城 城 城

wǒ wàng le dài yào shi

我 忘 了 带 钥 匙

I've left my keys behind

目 标 Objectives

- 学会住宿服务的常用语 Learn the words related to accommodation service
- 学会在房间求助 Learn how to ask for help when there is a problem in the dormitory

词 语 Words and Phrases

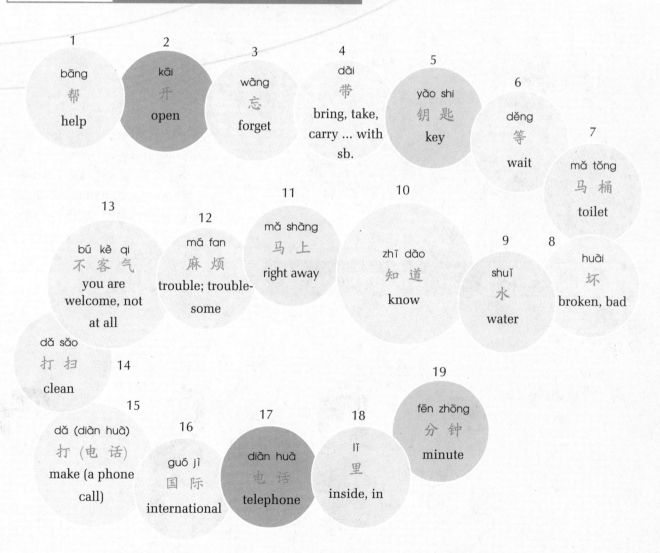

1
bāng
帮
help

2
kāi
开
open

3
wàng
忘
forget

4
dài
带
bring, take, carry ... with sb.

5
yào shi
钥匙
key

6
děng
等
wait

7
mǎ tǒng
马桶
toilet

13
bú kè qi
不客气
you are welcome, not at all

12
má fan
麻烦
trouble; trouble-some

11
mǎ shàng
马上
right away

10
zhī dào
知道
know

9
shuǐ
水
water

8
huài
坏
broken, bad

14
dǎ sǎo
打扫
clean

15
dǎ (diàn huà)
打 (电话)
make (a phone call)

16
guó jì
国际
international

17
diàn huà
电话
telephone

18
lǐ
里
inside, in

19
fēn zhōng
分钟
minute

选词搭配。
Choose the proper words to match the words below.

kāi
开

dài
带

句子　　Sentences

qǐng bāng wǒ kāi yí xià mén
1. 请 帮 我 开 一 下 门。

wǒ wàng le dài yào shi
2. 我 忘 了 带 钥 匙。

wǒ de mǎ tǒng huài le
3. 我 的 马 桶 坏 了。

yào dǎ sǎo ma
4. 要 打 扫 吗？

má fan nín le
5. 麻 烦 您 了。

1. Please open the door for me.
2. I've left my keys behind.
3. Something is wrong with the toilet.
4. Do you need room cleaning?
5. Sorry to have troubled you!

看图说话　　Look and Say

A

B

112

情 景 Scene

Part 1

mǎ xiū qǐng bāng wǒ kāi yí xià mén wǒ wàng le dài yào shi
马 修：请 帮 我 开 一 下 门，我 忘 了²⁹ 带 钥 匙。

fú wù yuán jǐ hào fáng jiān
服 务 员：几 号 房 间？

mǎ xiū liù líng bā
马 修：6 0 8。

fú wù yuán qǐng děng yí xià
服 务 员：请 等 一 下。
（去 拿 钥 匙 Qù ná yào shi）

mǎ xiū wǒ de mǎ tǒng huài le
马 修：我 的 马 桶 坏 了³⁰。

fú wù yuán zěn me le
服 务 员：怎 么 了？

mǎ xiū méi yǒu shuǐ
马 修：没 有 水。

fú wù yuán wǒ zhī dao le mǎ shàng jiù lái
服 务 员：我 知 道 了，马 上 就³¹ 来。

mǎ xiū má fan nín le
马 修：麻 烦 您 了！

fú wù yuán bú kè qi fáng jiān yào dǎ sǎo ma
服 务 员：不 客 气。房 间 要 打 扫 吗？

mǎ xiū bú yòng le xiè xie
马 修：不 用 了，谢 谢！

29 "了" used after a verb, expresses the completion of an action.

30 "了" used at the end of sentences indicates a change in the situation. This sentence means: I did not know before, but now the things have changed and I have known already.

31 "就" here means the action is going to happen right away or in a short time.

Matthew:	Please open the door for me; I've left my keys behind.
Attendant:	Which room?
Matthew:	608.
Attendant:	One moment please.
	(Goes to fetch the keys)
Matthew:	Something is wrong with the toilet.
Attendant:	What's the matter?
Matthew:	There is no water.
Attendant:	I see, I'll be back soon.
Matthew:	Sorry to have troubled you!
Attendant:	It's nothing. Do you need room cleaning?
Matthew:	No, thanks.

我忘了带钥匙 ▶▶▶▶

Part 2

shā sha qǐng wèn zài nǎr kě yǐ dǎ guó jì diàn huà
莎 莎：请 问，在 哪儿 可 以 打 国 际 电 话？

fú wù yuán zài fáng jiān lǐ jiù kě yǐ dǎ
服 务 员：在 房 间 里 就 可 以 打。

shā sha yì fēn zhōng duō shao qián
莎 莎：一 分 钟 多 少 钱？

fú wù yuán sān kuài qián
服 务 员：3 块 钱。

Shasha: Excuse me, where can I make an international call?
Attendant: You can make it in your room.
Shasha: How much per minute?
Attendant: 3 *kuai*.

连线搭配。
Read and match.

jǐ hào fáng jiān
1. 几 号 房 间？ f

fáng jiān yào dǎ sǎo ma
2. 房 间 要 打 扫 吗？ c

wǒ de mǎ tǒng huài le
3. 我 的 马 桶 坏 了。 a

mā fan nín le
4. 麻 烦 您 了。 b

zài nǎr kě yǐ dǎ guó jì diàn huà
5. 在 哪儿 可 以 打 国 际 电 话？ d

yì fēn zhōng duō shao qián
6. 一 分 钟 多 少 钱？ e

mǎ tǒng zěn me le
a. 马 桶 怎 么 了？

bú kè qi
b. 不 客 气。

bú yòng le xiè xie
c. 不 用 了，谢 谢！

zài fáng jiān lǐ jiù kě yǐ dǎ
d. 在 房 间 里 就 可 以 打。

yì fēn zhōng sān kuài qián
e. 一 分 钟 3 块 钱。

liù líng bā hào fáng jiān
f. 6 0 8 号 房 间。

活 动　Activities

1 语音练习
Pronunciation

朗读下列词语。

Read aloud.

yào shi	mǎ tǒng	fáng jiān	guó jì	diàn huà	zhī dào
钥 匙	马 桶	房 间	国 际	电 话	知 道

dǎ sǎo	bú yòng	má fan	kè qi	bāng	kāi
打 扫	不 用	麻 烦	客 气	帮	开

wàng	dài	děng	dǎ	huài
忘	带	等	打	坏

2 问与答
Ask and Answer

根据"情景"选择合适的句子填空。

Fill in the table according to the "Scene".

qǐng bāng wǒ kāi yí xià mén wǒ wàng le dài yào shi • 请 帮 我 开 一 下 门, 我 忘 了 带 钥 匙。	• 几号房间。
wǒ de mǎ tǒng huài le • 我 的 马 桶 坏 了。	• 马桶怎么了?
zěn me le • 怎 么 了?	• 没有水。
• 麻烦您了。	bú yòng le xiè xie • 不 用 了, 谢 谢!
• 一分钟多少钱。	yí fēn zhōng sān kuài qián • 1 分 钟 3 块 钱。

我忘了带钥匙 ▶▶▶▶

3 替换练习
Substitution

最

从小词库里选择合适的词，替换句子中的词语。
Choose the proper words from the word box to substitute the words in the following sentences.

小词库 Word box

shū
书

huàn yí xià qián
换 一 下 钱

bǐ
笔

guān yí xià mén
关 一 下 门

diàn huà
电 话

qián
钱

diàn nǎo
电 脑

qǐng bāng wǒ kāi yí xià mén
1. 请 帮 我 开 一 下 门。

wǒ wàng le dài yào shi
2. 我 忘 了 带 钥 匙。

wǒ de mǎ tǒng huài le
3. 我 的 马 桶 坏 了。

4 看图选择
Look and Choose

1. Wǒ de fángjiān méiyǒu shuǐ.
   There is no water in my room

2. Wǒ de diànshì huài le.
   My TV doesn't work.

3. Wǒ de dēng huài le.
   My light doesn't work.

4. Qǐng dǎsǎo yíxià wǒ de fángjiān.
   Please clean my room.

5. Qǐng dǎsǎo yíxià xǐshǒujiān.
   Please clean my rest room.

小词库 Word box

fáng jiān	diàn shì	dēng
房 间	电 视	灯
		lamp, light

116

双人练习
Pair Work

从下面的6件事情中选择你最不愿意发生的3件，比较你和同伴的选择。
Choose 3 things that make you worry most from the following 6. Tick them in the appropriate box. Then compare with your partners.

1. Diānshì huài le.   My TV doesn't work.
2. Diànhuà huài le.   My telephone doesn't work.
3. Mǎtǒng huài le.   My toilet doesn't work.
4. Diànnǎo sǐ jī le.   My computer is forzen.
5. Fángjiān bù gānjìng.   My room isn't clean.
6. Chūmén wàngle dài yàoshi.   I've left my keys behind.

小词库 Word box

zuì
最
most

pà
怕
worry

gānjìng
干净
clean

	1	2	3	4	5	6
Matthew	✔			✔		✔
Yourself		2	1		3	
Your partner		2		3		4

给老师的提示：现在你可以找位同学**说一说**

看图比较
Look, Compare and Say

A: Nǐ zuì pà shénme?
(What makes you worry most?)

B: Wǒ zuì pà...
(What makes me worry most is ...)

两人一组，进行看图比较（图A和图B）。请用汉语描述图上的内容，看看你们的图有什么不一样。
Work in pairs. Each of you will be given a different picture (A or B). Describe your picture in Chinese and then compare with your partner's.

diànhuà
电话

shāfā
沙发
sofa

dēng
灯

huài
坏
broken,
don't
work

chuáng
床
bed

A

diànhuà huài le
电话坏了。

小词库 Word box

diàn huà
电话

dēng
灯

chuáng
床
bed

shā fā
沙发
sofa

huài
坏
broken,
don't
work

即学即用 Learn and Use

diàn | 电 | 丶 | 冂 | 冂 | 日 | 电

nǎo | 脑 | 丿 | 刀 | 月 | 月 | 月` | 肵 | 肵 | 脖 | 脑 | 脑

wǒ   gǎn   mào   le

我 感 冒 了

I have a cold

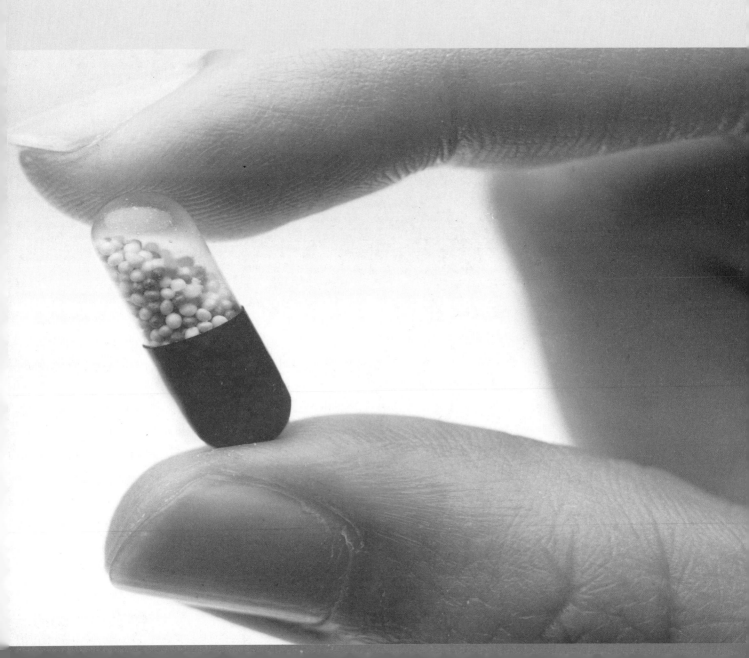

目 标 Objective

- 学习了解和说明常见病状 Learn how to describe the symptoms of illnesses
- 学会去药店买药 Learn how to buy medicines in the pharmacy

词 语 Words and Phrases

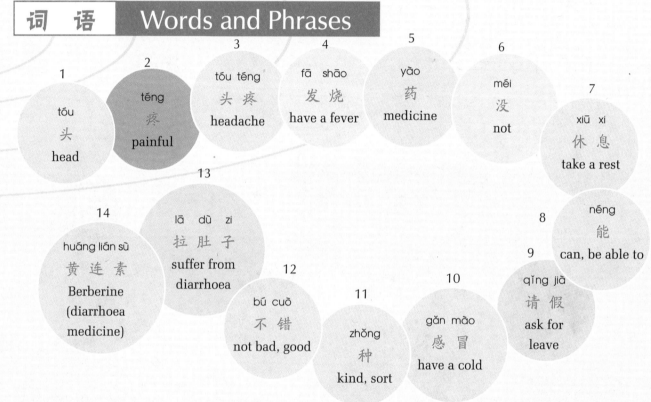

1
tóu
头
head

2
téng
疼
painful

3
tóu téng
头 疼
headache

4
fā shāo
发 烧
have a fever

5
yào
药
medicine

6
méi
没
not

7
xiū xi
休 息
take a rest

8
néng
能
can, be able to

9
qǐng jià
请 假
ask for leave

10
gǎn mào
感 冒
have a cold

11
zhǒng
种
kind, sort

12
bú cuò
不 错
not bad, good

13
lā dù zi
拉 肚 子
suffer from diarrhoea

14
huáng lián sù
黄 连 素
Berberine (diarrhoea medicine)

选词搭配。
Choose the proper words to match the words below.

bú cuò
不 错

néng
能

我感冒了 ▶▶▶

1. I have a headache.
2. You'll be fine after a rest.
3. I can't attend classes tomorrow.
4. Do you have any medicine for a cold?
5. Which is better?
6. I'll take this then.

句子　Sentences

wǒ tóu téng
1. 我 头 疼。

xiū xi yí xià jiù hǎo le
2. 休 息 一 下 就 好 了。

wǒ míng tiān bù néng shàng kè
3. 我 明 天 不 能 上 课。

yǒu méi yǒu gǎn mào yào
4. 有 没 有 感 冒 药?

nǎ zhǒng hǎo
5. 哪 种 好?

jiù yào zhèi ge ba
6. 就 要 这 个 吧。

看图说话　Look and Say

情景 Scene

Part 1

32 Both "没(有)" and "不" express negation. "没(有)" indicates a past action or state, e.g. "我昨天没吃药". "不" indicates the negation of an action in the present or the future, e.g. "我明天不去银行". "不" may also negate wishes, likes, e.g. "我不喜欢看电视"

lín huā   mǎ xiū nǐ zěn me le
林 华： 马 修，你 怎 么 了？

mǎ xiū   wǒ tóu téng
马 修： 我 头 疼。

lín huā   fā shāo ma
林 华： 发 烧 吗？

mǎ xiū   bù fā shāo
马 修： 不 发 烧。

lín huā   chī yào le ma
林 华： 吃 药 了 吗？

mǎ xiū   méi chī shā sha qù mǎi yào le
马 修： 没³² 吃。莎 莎 去 买 药 了。

lín huā   chī diǎnr yào xiū xi yí xià jiù hǎo le
林 华： 吃 点 儿 药，休 息 一 下 就 好 了。

mǎ xiū   wǒ míng tiān bù néng shàng kè yào qǐng jià
马 修： 我 明 天 不 能 上 课，要 请 假。

Lin Hua:	Matthew, what's wrong with you?
Matthew:	I have a headache.
Lin Hua:	Do you have a fever?
Matthew:	No.
Lin Hua:	Have you taken any medicine?
Matthew:	No, Shasha has gone to buy me some.
Lin Hua:	You'll be fine after taking some medicine and having a rest.
Matthew:	I can't attend classes tomorrow; I have to ask for leave.

Part 2

<table>
<tr><td></td><td>shā sha</td><td colspan="8">qǐng wèn yǒu méi yǒu gǎn mào yào</td></tr>
<tr><td></td><td>莎 莎：</td><td colspan="8">请 问，有 没 有 感 冒 药？</td></tr>
<tr><td>shòu huò yuán</td><td></td><td colspan="4">yǒu yào nǎ zhǒng</td></tr>
<tr><td>售 货 员：</td><td></td><td colspan="4">有。要 哪 种？</td></tr>
<tr><td></td><td>shā sha</td><td colspan="3">nǎ zhǒng hǎo</td></tr>
<tr><td></td><td>莎 莎：</td><td colspan="3">哪 种 好？</td></tr>
<tr><td>shòu huò yuán</td><td></td><td colspan="4">zhèi zhǒng bú cuò</td></tr>
<tr><td>售 货 员：</td><td></td><td colspan="4">这 种 不 错。</td></tr>
<tr><td></td><td>shā sha</td><td colspan="4">jiù yào zhèi ge ba</td></tr>
<tr><td></td><td>莎 莎：</td><td colspan="4">就³³ 要 这 个 吧。</td></tr>
<tr><td>shòu huò yuán</td><td></td><td colspan="4">hái yào bié de ma</td></tr>
<tr><td>售 货 员：</td><td></td><td colspan="4">还 要 别 的 吗？</td></tr>
<tr><td></td><td>shā sha</td><td colspan="5">lā dù zi chī shén me yào</td></tr>
<tr><td></td><td>莎 莎：</td><td colspan="5">拉 肚 子 吃 什 么 药？</td></tr>
<tr><td>shòu huò yuán</td><td></td><td colspan="3">huáng lián sù</td></tr>
<tr><td>售 货 员：</td><td></td><td colspan="3">黄 连 素。</td></tr>
<tr><td></td><td>shā sha</td><td colspan="4">hǎo lái yì píng</td></tr>
<tr><td></td><td>莎 莎：</td><td colspan="4">好，来 一 瓶。</td></tr>
</table>

33 The word "就" here means it is exactly the one, not something else. The word is used to strengthen the affirmation tone of the statement.

Shasha:	Excuse me? Do you have any medicine for a cold?
Pharmacist:	Yes. What do you want?
Shasha:	Which is better?
Pharmacist:	This one.
Shasha:	I'll take this then.
Pharmacist:	Anything else?
Shasha:	What medicine is good for diarrhoea?
Pharmacist:	Berberine.
Shasha:	Ok, I'll take one bottle.

连线搭配。
Read and match.

nǐ zěn me le
1. 你 怎 么 了?

fā shāo ma
2. 发 烧 吗?

chī yào le ma
3. 吃 药 了 吗?

yǒu mei yǒu gǎn mào yào
4. 有 没 有 感 冒 药?

nǎ zhǒng hǎo
5. 哪 种 好?

hái yào bié de ma
6. 还 要 别 的 吗?

yǒu yào nǎ zhǒng
a. 有。要 哪 种?

méi chī chī le
b. 没 吃。/ 吃 了。

bù fā shāo
c. 不 发 烧。

zhèi zhǒng bú cuò
d. 这 种 不 错。

yào yì píng huáng lián sù
e. 要 一 瓶 黄 连 素。

wǒ tóu téng
f. 我 头 疼。

活 动　Activities

1 语音练习
Pronunciation

朗读下列词语。
Read aloud.

tóu téng
头 疼

gǎn mào
感 冒

fā shāo yào
发 烧 药

lā dù zi
拉 肚 子

qǐng jià
请 假

xiū xi
休 息

chī yào
吃 药

我感冒了 ▶▶▶

② 问与答
Ask and Answer

根据"情景"选择合适的句子填空。
Fill in the table according to the "Scene".

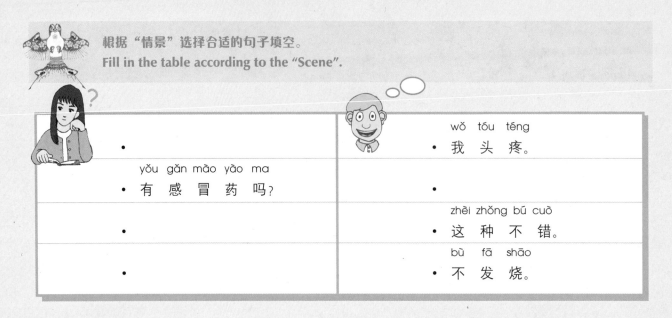

	wǒ tóu téng • 我 头 疼。
yǒu gǎn mào yào ma • 有 感 冒 药 吗?	•
•	zhèi zhǒng bú cuò • 这 种 不 错。
•	bù fā shāo • 不 发 烧。

③ 替换练习
Substitution

从小词库里选择合适的词，替换句子中的词语。
Choose the proper words from the word box to substitute the words in the following sentences.

wǒ tóu téng
1. 我 头 疼。
shā sha qù mǎi yào le
2. 莎 莎 去 买 药 了。
yǒu mei yǒu gǎn mào yào
3. 有 没 有 感 冒 药?

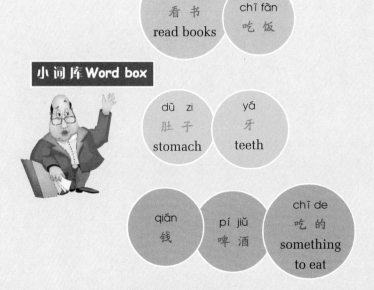

kàn shū
看书
read books

chī fàn
吃饭

小词库 Word box

dù zi
肚子
stomach

yá
牙
teeth

qiān
钱

pí jiǔ
啤酒

chī de
吃的
something to eat

4 ▶ 看图选择
Look and Choose

选择合适的短语用拼音填在图的下面。假如你遇到下面的情况，怎么向老师请假呢？两人一组，练习一下。

Match the *pinyin* phrases with the pictures. If you have the same problems, how would you ask for leave from your teacher? Form pairs and practice with your partner.

yá
牙

tuǐ
腿
leg

1. dùzi téng
2. gǎnmào
3. tóuténg

4. yá téng
5. tuǐ téng

给老师的提示：换角色再练一次。

5 ▶ 模拟练习
Simulation

两人一组。按卡片上的角色(一位药店的售货员、一位顾客)进行模拟买药的表演。
Work in pairs. One is the pharmacy assistant and the other a customer. Please perform the scene of buying and selling accordingly.

给老师的提示：先做好卡片。卡片上用拼音写清楚病症和要买的药，把病和药在卡片上一一对应给出，让学生做买药的练习。

我感冒了 ▶▶▶

6 ▶ 看图比较
Look, Compare and Say

两人一组，进行看图比较（图A和图B）。请用汉语描述图上的内容，看看你们的图有什么不一样。
Work in pairs. Each of you will be given a different picture (A or B). Describe your picture in Chinese and then compare with your partner's.

即学即用 Learn and Use

B

写汉字　Write Characters

yào 药　一 十 艹 艿 苭 莜 莜 药 药

pǐn 品　丶 冂 口 吕 吕 品 品 品 品

语法自测 4
Grammar Self-check 4

1 从下面选择合适的词语，把句子变成疑问句。

Change the sentences into questions with the phrases given below.

yǒu mei yǒu	néng bu néng	shì bu shì	qù bu qù	qù mei qù
有 没 有	能 不 能	是 不 是	去 不 去	去 没 去

Example: Wǒ meiyǒu shíjiān. □ Nǐ yǒu mei yǒu shíjiān?

1. Zhèr méiyǒu dìtiě.
2. Wǒ míngtiān yǒu shíjiān.
3. Fùjìn yǒu yóujú.
4. Míngtiān wǒ bù néng shàngkè.
5. Wǒ shì liúxuéshēng.
6. Shāsha qù mǎi yào le.
7. Shāsha míngtiān qù mǎi yào.

2 用肯定形式和否定形式回答下面的问题。

Answer the following questions with both negative and affirmative forms.

1. Yào hùzhào ma?
2. Fángjiān yào dǎsǎo ma?
3. Nǐ fāshāo ma?
4. Nǐ chī yào le ma?
5. Yǒu meiyǒu gǎnmào yào?

3 看图学词。

Look and learn new words.

diànshì
TV

zhuō zi
table

dēng
lamp

yǐzi
chair

chuáng
bed

xǐyījī
washing machine

diànhuà
telephone

wèi   qǐng wèn lín   huá zài   ma

喂，请问林华在吗

Hello, May I speak to Lin Hua?

目标　Objectives

- 学会打电话的礼貌用语　Learn telephone etiquette
- 学习简单的邀约　Learn basic invitations

词　语　Words and Phrases

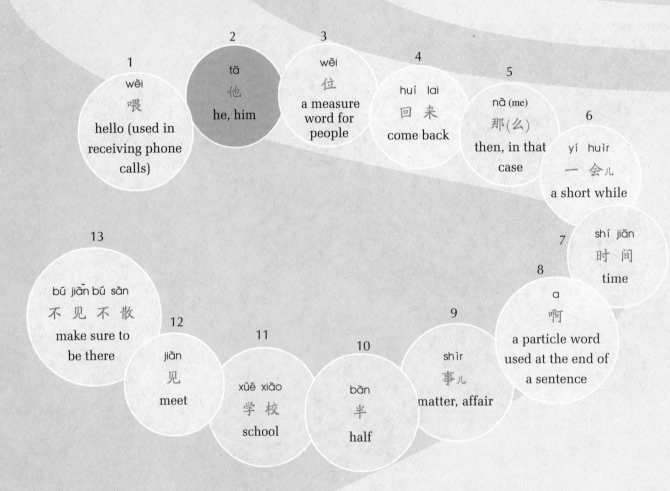

1
wèi
喂
hello (used in receiving phone calls)

2
tā
他
he, him

3
wèi
位
a measure word for people

4
huí lai
回来
come back

5
nà (me)
那(么)
then, in that case

6
yí huìr
一会儿
a short while

7
shí jiān
时间
time

8
a
啊
a particle word used at the end of a sentence

9
shìr
事儿
matter, affair

10
bàn
半
half

11
xué xiào
学校
school

12
jiàn
见
meet

13
bú jiàn bú sàn
不见不散
make sure to be there

选词搭配。
Choose the proper words to match the word below.

yí huìr
一会儿 ➡️

句 子 Sentences

1. Hello, May I speak to Lin Hua?
2. No, he isn't here.
3. Who is calling?
4. I will call again later.
5. What's up?

wèi qǐng wèn lín huá zài ma
1. 喂，请 问 林 华 在 吗？

tā bú zài
2. 他 不 在。

nín shì nǎ wèi
3. 您 是 哪 位？

wǒ yí huìr zài dǎ ba
4. 我 一 会儿 再 打 吧。

yǒu shén me shìr ma
5. 有 什 么 事儿 吗？

看图说话 Look and Say

nǐ míng tiān yǒu shí jiān ma
你 明 天 有 时 间 吗？

yǒu a
有 啊。

tā bú zài
他 不 在。

A

B

情景　Scene

Part 1

乔丹： qiáo dān　wèi qǐng wèn lín huá zài ma
喂，请问林华在吗？

王力： wáng lì　tā bú zài nín shì nǎ wèi
他不在，您是哪位？

乔丹： qiáo dān　wǒ shì tā de péng you wǒ jiào qiáo dān
我是他的朋友，我叫乔丹。

王力： wáng lì　tā shàng kè qù le mǎ shàng jiù huí lai
他上课去了，马上就回来。

乔丹： qiáo dān　nà wǒ yí huìr zài dǎ ba
那³⁴我一会儿再打吧。

王力： wáng lì　hǎo de
好的。

34 "那（么）" means "then", "so" or "in that case". It is used to introduce the likely result or decision made according to the preceding text and the given situation.

Qiaodan:	Hello, may I speak to Lin Hua?
Wang Li:	he is not in at the moment. Who is calling?
Qiaodan:	I am his friend, Jordan.
Wang Li:	He went to class, but will be back soon.
Qiaodan:	I will call again later.
Wang Li:	All right.

Part 2

wáng lì　　lín huá　nǐ　de diàn huà
王 力： 林 华， 你 的 电 话。

lín huá　　wèi　wǒ　shì　lín huá　qǐng wèn shì　nǎ　wèi
林 华： 喂， 我 是 林 华， 请 问 是 哪 位？

qiáo dān　　wǒ　shì　qiáo dān
乔 丹： 我 是 乔 丹。

lín huá　　qiáo dān　nǐ　hǎo
林 华： 乔 丹， 你 好！

qiáo dān　　nǐ　míng tiān yǒu shí jiān ma
乔 丹： 你 明 天 有 时 间 吗？

lín huá　　yǒu　a　yǒu shén me shìr ma
林 华： 有 啊。有 什 么 事儿 吗？

qiáo dān　　wǒ men qù wǎng bā ba
乔 丹： 我 们 去 网 吧 吧。

lín huá　　hǎo míng tiān shàng wǔ jiǔ diǎn bàn xíng ma
林 华： 好。明 天 上 午 9 点 半， 行 吗？

qiáo dān　　xíng xué xiào mén kǒur jiàn bú jiàn bú sàn
乔 丹： 行。学 校 门 口儿 见， 不 见 不 散！

Wang Li:	Lin Hua, it's for you.
Lin Hua:	Hello, this is Lin Hua. Who's calling?
Qiaodan:	This is Jordan.
Lin Hua:	Hi, Jordan!
Qiaodan:	Are you free tomorrow?
Lin Hua:	Yes, what's up?
Qiaodan:	Let's go to the cyber café.
Lin Hua:	Ok, half past nine tomorrow morning, alright?
Qiaodan:	Ok, I'll meet you at the school gate. Make sure to be there.

喂，请问林华在吗 ▶▶▶

连线搭配。
Read and match.

qǐng wèn lín huá zài ma
1. 请 问 林 华 在 吗？

nín shì nǎ wèi
2. 您 是 哪 位？

nà wǒ yí huìr zài dǎ ba
3. 那 我 一 会儿 再 打 吧。

nǐ míng tiān yǒu shí jiān ma
4. 你 明 天 有 时 间 吗？

yǒu shén me shìr ma
5. 有 什 么 事儿 吗？

wǒ shì qiáo dān
a. 我 是 乔 丹。

wǒ men qù yín háng ba
b. 我 们 去 银 行 吧。

yǒu a
c. 有 啊。

hǎo de
d. 好 的。

tā bú zài
e. 他 不 在。

活 动　　Activities

 问与答
Ask and Answer

 根据"情景"选择合适的句子填空。
Fill in the table according to the "Scene".

•	tā bú zài nín shì nǎ wèi • 他 不 在，您 是 哪 位？
•	yǒu a • 有 啊。
yǒu shén me shìr ma • 有 什 么 事儿 吗？	•
míng tiān shàng wǔ jiǔ diǎn bàn xíng ma • 明 天 上 午 9 点 半，行 吗？	•

136

 替换练习
Substitution

从小词库里选择合适的词，替换句子中的词语。
Choose the proper words from the word box to substitute the words in the following sentences.

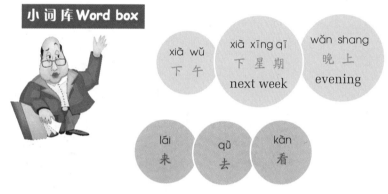
小词库 **Word box**

xià wǔ 下午	xià xīng qī 下星期 next week	wǎn shang 晚上 evening
lái 来	qù 去	kàn 看

nǐ míng tiān yǒu shí jiān ma
1. 你 明 天 有 时 间 吗？

wǒ yí huìr zài dǎ ba
2. 我 一 会儿 再 打 吧。

 双人练习
Pair Work

请用拼音填好下周的计划表，然后和同伴做打电话练习，商量什么时间一起去网吧。完成后，与另一组交换同伴再做一次。
Please map out the schedule for next week below using *pinyin* and practice the following phone conversation. You can call to ask when your partner will be free to go to the cyber café with you. Change partners with another group and repeat the activity.

	Xīngqīwǔ	Xīngqīliù	Xīngqīrì	Xīngqīyī
Xiàwǔ	qù wǎngbā			
wǎnshang	xiūxi			

A: Wèi, ... zài ma?
(Hello, is ... there?)
B: Wǒ shì..., qǐng wèn shì nǎ wèi?
(This is ... May I ask who's calling?)

A: ...yǒu shí jiān ma?
(Are you free at ...?)
B: Yǒu a, nǐ yǒu shénme shì ma?
Méiyǒu, wǒ yào...
(Yes I do. What's on your mind?
No, I don't. I have to ...)

5 看图比较
Look, Compare and Say

 两人一组，进行看图比较（图A和图B）。请用汉语描述图上的内容，看看你们的图有什么不一样。
Work in pairs. Each of you will be given a different picture (A or B). Describe your picture in Chinese and then compare with your partner's.

小词库 Word box

gōng yuánr
公 园儿
park

yī yuàn
医 院
hospital

A

	Xīngqīrì	Xīngqīyī	Xīngqī'èr	Xīngqīsān	Xīngqīsì	Xīngqīwǔ	Xīngqīliù
Shàngwǔ	qù gōngyuánr	shàngkè		mǎi yào	xiūxi		xiūxi
Xiàwǔ	qù gōngyuánr				shàngkè		xiūxi
Wǎnshang	xiūxi	qù wǎngbā	xiūxi		xuéxí		xiūxi

B

	Xīngqīrì	Xīngqīyī	Xīngqī'èr	Xīngqīsān	Xīngqīsì	Xīngqīwǔ	Xīngqīliù
Shàngwǔ			shàngkè			shàngkè	xiūxi
Xiàwǔ		shàngkè	qù yínháng	qù yīyuàn		qù yóujú	xiūxi
Wǎnshang				xiūxi		qù wǎngbā	xiūxi

gōng yuánr
公 园儿
park

yī yuàn
医 院
hospital

即学即用　Learn and Use

Nǐ dāngrán!
Yes, of course!

写汉字　Write Characters

diàn　电　丶 冂 冂 日 电

huà　话　丶 讠 讠 讠 讠 话 话

wǒ men hù xiāng bāng zhù ba

我们互相帮助吧

Let's help each other

目 标 Objectives

- 学会作自我介绍 **Learn how to introduce yourself**
- 学会初步了解对方 **Learn how to get to know each other**
- 学会留地址 **Learn how to leave addresses**

词 语 Words and Phrases

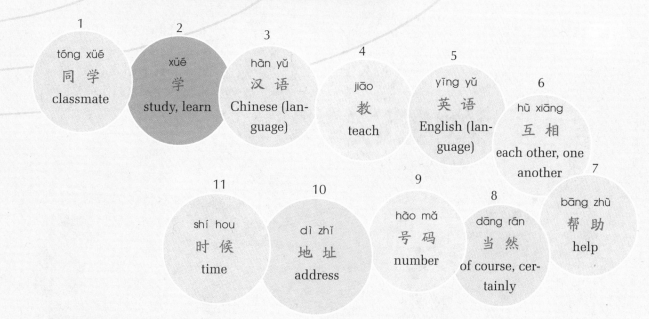

1
tóng xué
同学
classmate

2
xué
学
study, learn

3
hàn yǔ
汉语
Chinese (language)

4
jiāo
教
teach

5
yīng yǔ
英语
English (language)

6
hù xiāng
互相
each other, one another

7
bāng zhù
帮助
help

8
dāng rán
当然
of course, certainly

9
hào mǎ
号码
number

10
dì zhǐ
地址
address

11
shí hou
时候
time

选词搭配。
Choose the proper words to match the word below.

jiāo
教 ➡

bāng zhù
帮助 ➡

句子　Sentences

wǒ jiāo nǐ hàn yǔ　nǐ jiāo wǒ yīng yǔ　hǎo ma
1. 我 教 你 汉语, 你 教 我 英语, 好 吗?

wǒ kě yǐ gěi nǐ dǎ diàn huà ma
2. 我 可 以 给 你 打 电 话 吗?

dāng rán kě yǐ
3. 当 然 可 以。

nǐ de diàn huà hào mǎ shì duō shao
4. 你 的 电 话 号 码 是 多 少?

nǐ shén me shí hou yǒu shí jiān
5. 你 什 么 时 候 有 时 间?

1. How about I teach you Chinese and you teach me English?
2. Can I call you sometime?
3. Yes, of course.
4. What is your phone number?
5. When will you be free?

看图说话　Look and Say

_____?

wǒ de diàn huà hào mǎ shì
我 的 电 话 号 码 是 ...

_____?

dāng rán kě yǐ
当 然 可 以。

A

B

hǎo ma
_____好 吗?

_____?

hǎo a
好 啊!

xīng qī èr xià w
星 期 二 下

2005
6月
14
星期二

C

D

情 景　Scene

Part 1

lín huá
林 华：
shā sha　zhè　shì　wǒ de tóng xué wáng lì
莎 莎，这 是 我 的 同 学 王 力。

shā sha
莎 莎：
nǐ　hǎo　wǒ jiào shā sha
你 好! 我 叫 莎 莎。

wáng lì
王 力：
nǐ　hǎo　nǐ　shì　liú　xǔé shēng ma
你 好! 你 是 留 学 生 吗?

shā sha
莎 莎：
wǒ shì yīng guó liú　xǔé shēng
我 是 英 国 留 学 生。

wáng lì
王 力：
nǐ　zài zhōng guó xǔé shén me
你 在 中 国 学 什 么?

shā sha
莎 莎：
xǔé hàn yǔ
学 汉 语。

wáng lì
王 力：
wǒ jiāo nǐ hàn yǔ　nǐ jiāo wǒ yīng yǔ　hǎo ma
我 教 你 汉 语，你 教 我 英 语，好 吗?

shā sha
莎 莎：
hǎo a　wǒ men hù xiāng bāng zhù ba
好 啊! 我 们 互 相 帮 助 吧。

Lin Hua:　Shasha, this is my classmate Wang Li.
Shasha:　Hello, I am Shasha.
Wang Li:　Hello, are you an overseas student?
Shasha:　Yes, I'm from the UK.
Wang Li:　What do you study in China?
Shasha:　Chinese.
Wang Li:　How about I teach you Chinese and you teach me English?
Shasha:　Oh yes, let's help each other.

Part 2

wāng lì　　wǒ kě yǐ gěi　nǐ dǎ diàn huà ma
王力： 我 可 以 给³⁵ 你 打 电 话 吗?

shā sha　　dāng rán kě yǐ
莎莎： 当 然 可 以。

wāng lì　　nǐ de diàn huà hào mǎ shì duō shao
王力： 你 的 电 话 号 码 是 多 少?

shā sha　　liù bā jiǔ　èr bā bā liù liù
莎莎： 6 8 9 2 8 8 6 6。

wāng lì　　nǐ de e-mail dì zhǐ ne
王力： 你 的 e-mail 地 址 呢?

shā sha　　wǒ de dì　zhǐ shì chinese_ct@yahoo.com.cn
莎莎： 我 的 地 址 是 chinese_ct@yahoo.com.cn。

wāng lì　　nǐ shén me shí hou yǒu shí jiān
王力： 你 什 么 时 候 有 时 间?

shā sha　　xīng qī sān xià wǔ hé xīng qī wǔ xià wǔ dōu kě yǐ
莎莎： 星 期 三 下 午 和 星 期 五 下 午 都 可 以。

35 Here, "给" means "to".

Wang Li: Can I call you sometime?
Shasha: Yes, of course.
Wang Li: What is your phone number?
Shasha: 68928866.
Wang Li: What is your e-mail address?
Shasha: It is Chinese_ct@yahoo.com.cn.
Wang Li: When will you be free?
Shasha: Wednesday and Friday afternoons.

连线搭配。
Read and match.

shā sha zhè shì wǒ de tóng xué wáng lì
1. 莎 莎, 这 是 我 的 同 学 王 力。

nǐ shì liú xué shēng ma
2. 你 是 留 学 生 吗?

nǐ zài zhōng guó xué shén me
3. 你 在 中 国 学 什 么?

wǒ kě yǐ gěi nǐ dǎ diàn huà ma
4. 我 可 以 给 你 打 电 话 吗?

nǐ de diàn huà hào mǎ shì duō shao
5. 你 的 电 话 号 码 是 多 少?

nǐ shén me shí hou yǒu shí jiān
6. 你 什 么 时 候 有 时 间?

wǒ xué hàn yǔ
a. 我 学 汉 语。

nǐ hǎo wǒ jiào shā sha
b. 你 好! 我 叫 莎 莎。

wǒ shì yīng guó liú xué shēng
c. 我 是 英 国 留 学 生。

liù bā jiǔ èr bā bā liù liù
d. 6 8 9 2 8 8 6 6。

wǒ xīng qī sān xià wǔ yǒu shí jiān
e. 我 星 期 三 下 午 有 时 间。

dāng rán kě yǐ
f. 当 然 可 以。

活 动 Activities

1 问 与 答
Ask and Answer

根据 "情景" 选择合适的句子填空。
Fill in the table according to the "Scene".

wǒ jiāo nǐ hàn yǔ nǐ jiāo wǒ yīng yǔ hǎo ma • 我 教 你 汉 语, 你 教 我 英 语, 好 吗?	•
•	dāng rán kě yǐ • 当 然 可 以。
nǐ de diàn huà hào mǎ shì duō shao • 你 的 电 话 号 码 是 多 少?	•
nǐ de e-mail dì zhǐ ne • 你 的 e-mail 地 址 呢?	•
•	xīngqī sān xià wǔ hé xīng qī wǔ xià wǔ dōu kě yǐ • 星 期 三 下 午 和 星 期 五 下 午 都 可 以。
nǐ zài zhōng guó xué shén me • 你 在 中 国 学 什 么?	

我们互相帮助吧 ▶▶▶

② 替换练习
Substitution

从小词库里选择合适的词，替换句子中的词语。

Choose the proper words from the word box to substitute the words in the following sentences.

小词库 Word box

hàn yǔ 汉语

chàng gē 唱歌 sing a song

zuò zhèr 坐这儿 sit here

shì yí xià 试一下 have a try

nǐ jiāo wǒ yīng yǔ hǎo ma
1. 你 教 我 英 语，好 吗？

wǒ kě yǐ gěi nǐ dǎ diàn huà ma
2. 我 可 以 给 你 打 电 话 吗？

③ 双人练习
Pair Work

1. 请问你的同伴介绍马修或林华，然后听他介绍另外一个人。
Please introduce either Matthew or Lin Hua to your partner and then listen to your partner introduce the other one to you.

2. 询问你的同伴，完成表格。
Interview your partner and fill in the table.

	Lín Huá	Mǎxiū	Yourself	Your partner
Name	Lín Huá	Mǎxiū		
Nationality	Zhōngguó	Yīngguó		
University	Běijīng Dàxüé	Mínzú Dàxüé		
Identity	xüésheng	liúxüéshēng		
Studies	Yīngyǔ	Hànyǔ		
Telephone	12345677781	68923306		

全班活动
Class Activity

参考林华的自我介绍，向全班介绍你自己。
This is Lin Hua's introduction. Please write yours accordingly and then introduce yourself to your classmates.

> Wǒ jiào Lín Huá, shì Zhōngguó rén.
> Wǒ bú shì lǎoshī, wǒ shì xuésheng.
> Wǒ zài Běijīng Dàxué xuéxí Yīngyǔ.
> Wǒ de diànhuà hàomǎ shì yāo sān
> wǔ sì wǔ liù qī qī qī bā yāo.
> Wǒ de e-mail shì linhua2005@sohu.com.

看图比较
Look, Compare and Say

两人一组，进行看图比较（图A和图B）。请用汉语描述图上的内容，看看你们的图有什么不一样。
Work in pairs. Each of you will be given a different picture (A or B). Describe your picture in Chinese and then compare with your partner's.

留学生楼

Ⓐ

小词库 Word box

dǎ lán qiú
打 篮 球
play basketball

147

8号楼

B

小词库 Word box

dǎ lán qiú
打 篮 球
play basketball

即学即用 Learn and Use

Hànyǔ zěnme shuō?
How do you say it in Chinese?

写汉字 Write Characters

nán

男 ｜ 冂 冂 田 田 甲 男

nǔ

女 く 女 女

wǒ　jiā　yǒu　wǔ　kǒu　rén

我 家 有 五 口 人

There are five people in my family

我家有五口人 ▶▶▶

目 标 Objectives

- 学会介绍家庭成员 Learn how to introduce family members
- 学习了解和说明爱好 Learn how to talk about hobbies

词 语 Words and Phrases

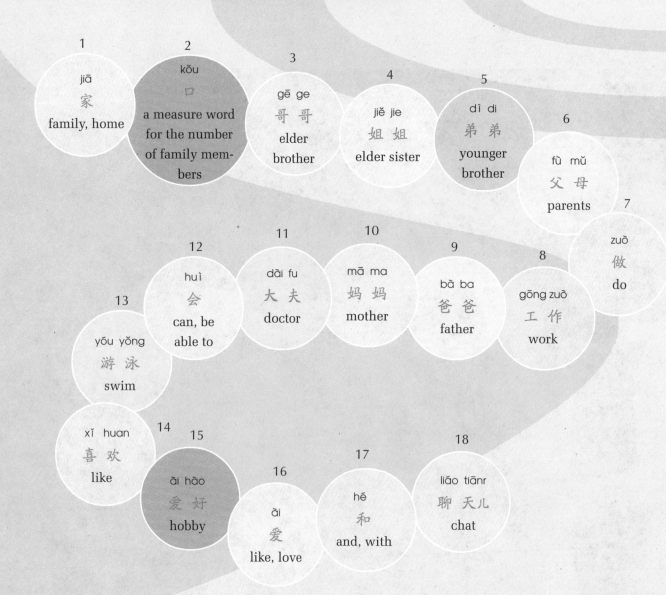

1
jiā
家
family, home

2
kǒu
口
a measure word for the number of family members

3
gē ge
哥 哥
elder brother

4
jiě jie
姐 姐
elder sister

5
dì di
弟 弟
younger brother

6
fù mǔ
父 母
parents

7
zuò
做
do

8
gōng zuò
工 作
work

9
bà ba
爸 爸
father

10
mā ma
妈 妈
mother

11
dài fu
大 夫
doctor

12
huì
会
can, be able to

13
yóu yǒng
游 泳
swim

14
ài hào
爱 好
hobby

15
xǐ huan
喜 欢
like

16
ài
爱
like, love

17
hé
和
and, with

18
liáo tiānr
聊 天 儿
chat

选词搭配。
Choose the proper words to fill in the blanks below.

句 子　Sentences

1. There are five people in my family.
2. I have an elder sister.
3. What do your parents do?
4. My mother is a doctor.
5. Can you swim?
6. I like chatting with friends.

wǒ jiā yǒu wǔ kǒu rén
1. 我 家 有 五 口 人。

mā ma shì dài fu
4. 妈 妈 是 大 夫。

wǒ yǒu yí ge jiě jie
2. 我 有 一 个 姐 姐。

nǐ huì yóu yǒng ma
5. 你 会 游 泳 吗?

nǐ fù mǔ zuò shén me gōng zuò
3. 你 父 母 做 什 么 工 作?

wǒ ài hé péng you liáo tiānr
6. 我 爱 和 朋 友 聊 天儿。

看图说话　Look and Say

bú huì
不 会。

＿＿＿＿＿?

nǐ yǒu gē ge ma
你 有 哥 哥 吗?

＿＿＿＿＿。

A

B

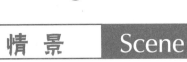

情 景　Scene

Part 1

lín huá　nǐ jiā yǒu jǐ kǒu rén
林华：你家有几口人？

shā sha　wǒ jiā yǒu wǔ kǒu rén
莎莎：我家有五口人。

lín huá　nǐ yǒu gē ge ma
林华：你有哥哥吗？

shā sha　méi yǒu wǒ yǒu yí ge jiě jie hé yí ge dì di
莎莎：没有。我有一个姐姐和一个弟弟。

lín huá　nǐ fù mǔ zuò shén me gōng zuò
林华：你父母做什么工作？

shā sha　bà ba shì lǎo shī mā ma shì dài fu
莎莎：爸爸是老师，妈妈是大夫。

Lin Hua:	How many people are there in your family?
Shasha:	There are five people in my family.
Lin Hua:	Do you have any elder brothers?
Shasha:	No, I have an elder sister and a younger brother.
Lin Hua:	What do your parents do?
Shasha:	My father is a teacher and my mother is a doctor.

Part 2

lín huā nǐ huì yōu yǒng ma
林 华：你 会[36] 游 泳 吗？
shā sha bū huì wǒ bū xǐ huan yōu yǒng
莎 莎：不 会，我 不 喜 欢 游 泳。
lín huā nà nǐ yǒu shén me ài hǎo
林 华：那 你 有 什 么 爱 好？
shā sha wǒ ài hé péng you liáo tiānr
莎 莎：我 爱 和 朋 友 聊 天儿。

36 Modal verb "会" expresses the understanding of how to do something and the ability to do it. The ability generally refers to the one acquired through learning.

Lin Hua:	Can you swim?
Shasha:	No, I can't. I don't like swimming.
Lin Hua:	So what are your hobbies?
Shasha:	I like chatting with friends.

连线搭配。

Read and match.

nǐ jiā yǒu jǐ kǒu rén
1. 你 家 有 几 口 人？

nǐ yǒu gē ge ma
2. 你 有 哥 哥 吗？

nǐ fù mǔ zuò shén me gōng zuò
3. 你 父 母 做 什 么 工 作？

nǐ huì yōu yǒng ma
4. 你 会 游 泳 吗？

nǐ yǒu shén me ài hǎo
5. 你 有 什 么 爱 好？

bà ba shì lǎo shī mā ma shì dài fu
a. 爸 爸 是 老 师，妈 妈 是 大 夫。

wǒ ài hé péng you liáo tiānr
b. 我 爱 和 朋 友 聊 天儿。

wǒ jiā yǒu wǔ kǒu rén
c. 我 家 有 五 口 人。

méi yǒu wǒ yǒu yí ge jiě jie hé yí ge dì di
d. 没 有。我 有 一 个 姐 姐 和 一 个 弟 弟。

bū huì wǒ bū xǐ huan yōu yǒng
e. 不 会，我 不 喜 欢 游 泳。

我家有五口人 ▶▶▶

活 动　Activities

1 问与答
Ask and Answer

根据"情景"选择合适的句子填空。
Fill in the table according to the "Scene".

nǐ jiā yǒu jǐ kǒu rén • 你 家 有 几 口 人?	•
nǐ yǒu gē ge ma • 你 有 哥 哥 吗?	•
•	bà ba shì lǎo shī mā ma shì dài fu • 爸 爸 是 老 师, 妈 妈 是 大 夫。
nǐ huì yóu yǒng ma • 你 会 游 泳 吗?	•
nǐ yǒu shén me ài hào • 你 有 什 么 爱 好?	•

2 替换练习
Substitution

从小词库里选择合适的词，替换句子中的词语。
Choose the proper words from the word box to substitute the words in the following sentences.

nǐ yǒu gē ge ma
1. 你 有 哥 哥 吗?
wǒ (bú) huì yóu yǒng
2. 我 (不) 会 游 泳。
wǒ (bù) xǐ huān yóu yǒng
3. 我 (不) 喜 欢 游 泳。

小词库 Word box

jiě jie
姐 姐

dì di
弟 弟

měi mei
妹 妹
younger sister

dǎ lán qiú
打 篮 球
play basketball

chàng gē
唱 歌
sing a song

lǚ yóu
旅 游
go traveling

guàng jiē
逛 街
go shopping

看图选择
Look and Choose

guàng jiē
go shopping

lǚyóu
travel

yóuyǒng
swim

chàng gē
sing a song

 双人练习
Pair Work

 向同伴询问，把你们的爱好填在表上。看看你们可以一起做什么？
Interview your partner and fill your hobbies in the table.

tiào wǔ
跳 舞
dance

		Yourself	Your partner
Hobbies	yóuyǒng		
	chàng gē		
	lǚyóu		
	dǎ lánqiú		

shàngwǎng	
tiàowǔ	
lǚyóu	
liáotiānr	

5 小组活动
Group activity

1、画出自己家的亲属树。
   Draw a family tree.

2、3 人一组，轮流介绍自己的家庭。注意：至少用三句话介绍每一位家庭成员。
   Work in groups of 3. Take turns to introduce your family. Please use at least 3 sentences to introduce each family member.

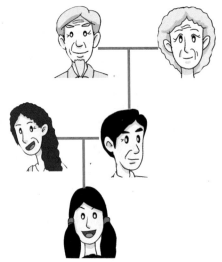

yé ye 爷 爷 grandfather	suì 岁 years of age	nǎi nai 奶 奶 grandmother
hái zi 孩 子 children		

VI 看图比较
Look, Compare and Say

两人一组，进行看图比较（图A和图B）。请用汉语描述图上的内容，看看你们的图有什么不一样。
Work in pairs. Each of you will be given a different picture (A or B). Describe your picture in Chinese and then compare with your partner's.

gàn
干
do

xiū xi
休 息

lèi
累
tired

B

gǎn
干
do

xiū xi
休息

lèi
累
tired

即学即用　Learn and Use

Nǎlǐ, nǎlǐ!
You flatter me!

写汉字　Write Characters

ài　　

xīn　　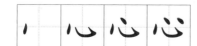

wǒ men zài zhèr zhào xiàng ba

我 们 在 这 儿 照 相 吧

Let's take some pictures here

目 标 Objectives

- 学会说一般的天气情况 **Learn how to talk about the weather**
- 学会照相时的常用表达方式 **Learn the most commonly used expressions when taking pictures**

词 语 Words and Phrases

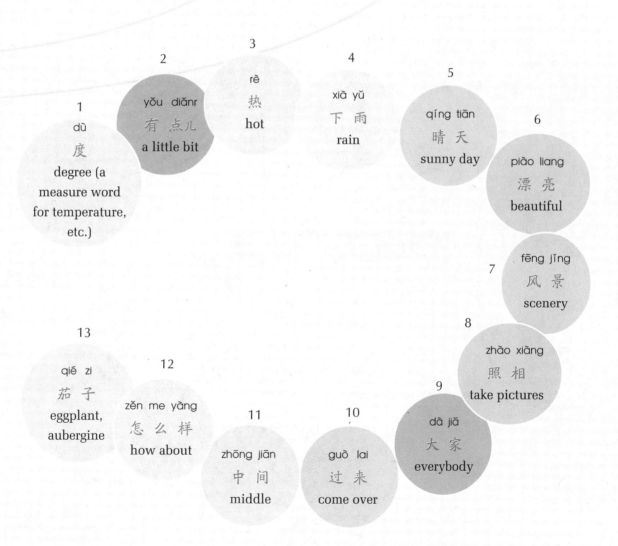

1
dù
度
degree (a measure word for temperature, etc.)

2
yǒu diǎnr
有点儿
a little bit

3
rè
热
hot

4
xià yǔ
下雨
rain

5
qíng tiān
晴天
sunny day

6
piào liang
漂亮
beautiful

7
fēng jǐng
风景
scenery

8
zhào xiàng
照相
take pictures

9
dà jiā
大家
everybody

10
guò lai
过来
come over

11
zhōng jiān
中间
middle

12
zěn me yàng
怎么样
how about

13
qié zi
茄子
eggplant, aubergine

选词搭配。
Choose the proper words to match the word below.

→

zěn me yàng
怎 么 样?

1. What's tomorrow's temperature?
2. 32 degrees, a bit hot.
3. It won't rain tomorrow, it will be a sunny day.
4. Let's take a picture here.
5. Would you please squeeze more to the middle?
6. How is that now?

句 子 　Sentences

míng tiān duō shao dù
1. 明 天 多 少 度?

míng tiān sān shí èr dù yǒu diǎnr rè
2. 明 天 三 十 二 度, 有 点儿 热。

míng tiān bú xià yǔ shì qíng tiān
3. 明 天 不 下 雨, 是 晴 天。

zài zhèr zhào xiàng ba
4. 在 这 儿 照 相 吧?

wǎng zhōng jiān yì diǎnr
5. 往 中 间 一 点儿。

xiàn zài zěn me yàng
6. 现 在 怎 么 样?

看图说话 　Look and Say

情 景　Scene

Part 1

mǎ xiū　　míng tiān duō shao dù
马 修：明 天 多 少 度？

lín huá　　míng tiān sān shí èr dù yǒu diǎnr rè
林 华：明 天 三 十 二 度，有 点 儿 热。

mǎ xiū　　xià yǔ ma
马 修：下 雨 吗？

lín huá　　bú xià yǔ shì qíng tiān
林 华：不 下 雨，是 晴 天。

mǎ xiū　　nà míng tiān jiù qù yí hé yuán ba
马 修：那 明 天 就 去 颐 和 园 吧。

lín huá　　hǎo a yí hé yuán hěn piào liang
林 华：好 啊，颐 和 园 很 漂 亮。

Matthew:	What's tomorrow's temperature?
Lin Hua:	32 degrees, a bit hot.
Matthew:	Will it rain?
Lin Hua:	No, it will be a fine day.
Matthew:	Then let's go to the Summer Palace tomorrow.
Lin Hua:	Wonderful, the Summer Palace is beautiful.

Part 2

lín huá
林 华: 这儿 的 风 景 不 错。
zhèr de fēng jǐng bù cuò

mǎ xiū
马 修: 那 就 在 这 儿 照 相 吧。
nà jiù zài zhèr zhào xiàng ba

lín huá
林 华: 好。大 家 快 过 来。
hǎo dà jiā kuài guò lai

mǎ xiū
马 修: 你 们 往 中 间 一 点儿。
nǐ men wǎng zhōng jiān yì diǎnr

lín huá
林 华: 现 在 怎 么 样?
xiàn zài zěn me yàng

mǎ xiū
马 修: 可 以 了。好! 茄 —— 子!
kě yǐ le hǎo qié zi

lín huá
林 华: 茄 —— 子[37]!
qié zi

37 The English for "茄子" is eggplant. When people are saying "茄子", their face is likely to broaden into a grin, a happy appearance, so Chinese like to say "茄子" instead of "cheese" when taking pictures.

Lin Hua:	The scenery here is good.
Matthew:	So let's take a picture here.
Lin Hua:	Ok. Everybody, please come over quickly.
Matthew:	Would you please squeeze to the middle?
Lin Hua:	How is that now?
Matthew:	Ok, good, and say cheeeeeeeeese!
Lin Hua:	Cheeeeeeeeeese!

连线搭配。

Read and match.

míng tiān duō shao dù
1. 明 天 多 少 度?

xià yǔ ma
2. 下 雨 吗?

míng tiān qù yí hé yuán ba
3. 明 天 去 颐 和 园 吧。

xiàn zài zěn me yàng
4. 现 在 怎 么 样?

kě yǐ le
a. 可 以 了。

hǎo a yí hé yuán hěn piào liang
b. 好 啊,颐 和 园 很 漂 亮。

míng tiān sān shí èr dù yǒu diǎnr rè
c. 明 天 三 十 二 度,有 点儿 热。

bú xià yǔ shì qíng tiān
d. 不 下 雨,是 晴 天。

活动　Activities

1 问与答
Ask and Answer

根据"情景"选择合适的句子填空。
Fill in the table according to the "Scene".

míng tiān duō shao dù • 明 天 多 少 度?	•
míng tiān xià yǔ ma • 明 天 下 雨 吗?	•
•	hǎo a • 好 啊!
•	xiàn zài zěn me yàng • 现 在 怎 么 样?

2 替换练习
Substitution

从小词库里选择合适的词，替换句子中的词语。
Choose the proper words from the word box to substitute the words in the following sentences.

míng tiān xià yǔ ma
1. 明 天 下 雨 吗?

nà jiù zài zhèr zhào xiàng ba
2. 那 就 在 这儿 照 相 吧。

xiàn zài zěn me yàng
3. 现 在 怎 么 样?

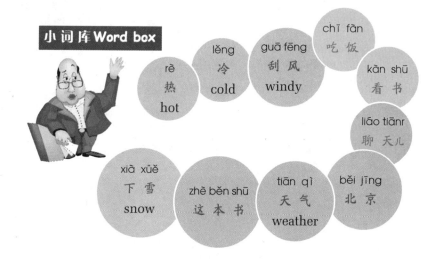

小词库 Word box

rè 热 hot　lěng 冷 cold　guā fēng 刮风 windy　chī fàn 吃饭　kàn shū 看书　liáo tiānr 聊天儿　xià xuě 下雪 snow　zhè běn shū 这本书　tiān qì 天气 weather　běi jīng 北京

3 ▶ 看图选择
Look and Choose

qíng tiān
晴 天

guā fēng
刮 风

xià xuě
下 雪

yīn tiān
阴 天
overcast

rè
热

lěng
冷

xià yǔ
下 雨

4 ▶ 双人练习
Pair Work

从下一页词语中选择在每一种天气中适合做的活动，把每种活动用拼音填在表格中。然后问问你的同伴选了什么。

Choose the activities suitable for each weather condition from next page and fill them in the chart in *pinyin*. Then, ask your partner of his/her choices.

LOOK

Please refer to the examples in the box.

Weather	Qíng tiān	Yīn tiān	Guā fēng	Xià yǔ	Xià xuě
Activities					

yōu yǒng
游泳

shuì jiào
睡觉

zhào xiàng
照相

pá shān
爬山
climb a mountain

dǎ lán qiú
打篮球

guàng jiē
逛街

kàn diànshì
看电视

shàng wǎng
上网

hē pí jiǔ
喝啤酒

chàng gē
唱歌

A: <u>Qíng tiān</u> nǐ xǐhuan zuò shénme?
(What do you like to do on a sunny day?)
B: <u>Qíng tiān</u> wǒ xǐhuan ...
(I like to ... on a sunny day.)

5 看图比较
Look, Compare and Say

两人一组，进行看图比较（图A和图B）。请用汉语描述图上的内容，看看你们的图有什么不一样。
Work in pairs. Each of you will be given a different picture (A or B). Describe your picture in Chinese and then compare with your partner's.

即学即用 Learn and Use

校车

Duō bǎozhòng!
Take care!

写汉字 Write Characters

yǒu 友 一 ナ 方 友

yì 谊 丶 讠 讠 讠 讠 讠 讠 讠 讠 谊

语法自测 5
Grammar Self-check 5

1 选词填空（注意：也许有两个词都可以用。）

Fill in the blanks with proper words. (Note: Some blanks may have more than one right answer.)

huì	xǐhuan	ài
会	喜欢	爱

1. Wǒ (　　) kàn diànshì.

2. Wǒ de diànshì huài le, wǒ bú (　　) xiū.

3. Wǒ bú (　　) shuō Hànyǔ, Lín Huá jiāo wǒ.

4. Wǒ (　　) yóuyǒng, búguò (but) wǒ bú (　　)

5. Wǒ (　　) zhè ge lǎoshī.

6. Bàba hěn (　　) māma.

2 完成句子。

Complete the following sentences.

1. Qǐngwèn, 　　　　　　　　　　　　?

2. Wǒ shì 　　　　　　　　　　?

3. Nǐ míngtiān 　　　　　　　　　　?

4. Wǒ kěyǐ 　　　　　　　　 ma?

5. 　　　　　　　　 hǎo ma?

3 看图学词。

Look and learn new words.

hē jiǔ
drink wine

hē kāfēi
drink coffee

tiàowǔ
dance

sànbù
take a walk

tóubì diànhuà
coin phone

xìn
letter

shǒujī
cell phone

Mǒ lì huā
茉莉花

江苏民歌
何仿 搜集整理

hǎo yì duǒ mò lì huā　　hǎo yì duǒ mò lì huā
好 一 朵 茉 莉 花，　　好 一 朵 茉 莉 花，

mǎn yuán huā cǎo xiāng yě xiāng bú guò tā　　wǒ yǒu xīn
满 园 花 草 香 也 香 不 过 它；　　我 有 心

cǎi yì duǒ dài yòu pà kān huā rén jiāng wǒ mà
采 一 朵 戴， 又 怕 看 花 人 将 我 骂。

Jasmine Flower

What a pretty jasmine flower!

What a pretty jasmine flower!

None of the flowers in the garden are more fragrant than it.

I'd like to pick it to wear,

But I'm afraid its keeper will scold me.

Kāng dìng qíng gē
康 定 情 歌

青海民歌
江定先 搜集整理

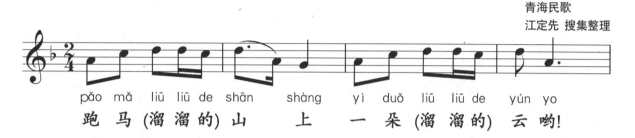

跑马(溜溜的)山　　上　　一 朵(溜溜的) 云哟！

端端(溜溜的)照　在　　康 定(溜溜的) 城哟！

月 亮 弯　　弯，　康 定(溜溜的) 城哟！

The Love Song of Kangding

Over Paoma Hill there is a cloud which illuminates Kangding Town.

语法自测参考答案
Grammar Self-check Answers

语法自测1

1
1. jǐ
2. shénme
3. nǎ
4. jǐ
5. jǐ
6. jǐ
7. nǎr
8. nǎ

2
1. Wǒ shì Zhōngguó rén, nǐ ne?
2. Wǒ zhù liúxuéshēng lóu, nǐ ne?
3. Wǒ zhù 321 fángjiān, nǐ ne?
4. Jīntiān Xīngqīsì, 18 hào ne?

3
1. Tā shì Zhōngguó rén, nǐ ne?
2. Wǒmen míngtiān xiàwǔ bú shàngkè.

语法自测2

1
1. tiáo
2. jiàn
3. gè (jīn)
4. píng
5. píng
6. gè
7. běn
8. gè

2
1. Yào. / Búyào.
2. Yào dà de. / Búyào dà de.
3. Xíng. / Bùxíng.
4. Tián. / Bù tián.
5. Shì. / Búshì.

3
1. Zài lái yí ge tǔdòusīr.
2. Píjiǔ duōshao qián yì píng? / Yì píng píjiǔ duōshao qián?

语法自测3

1
1. Yínháng zài nǎr?
2. Nǐ shì nǎ guó rén?
3. Tā jiào shénme míngzi?
4. Nǐmen jǐdiǎn shàngkè?
5. Jīntiān xīngqī jǐ?
6. Nǐmen xiàwǔ shàngkè ma?
7. Nǐ shì xuésheng ma?
8. Nǐ zhù nǎ ge fángjiān?
9. Miànbāo duōshao qián yí ge?
10. Nǐ yào jǐ píng píjiǔ?
11. Pútao tián ma?
12. Qù yínháng zěnme zǒu?
13. Qù Běijīng Dàxué zěnme zuòchē?
14. Zhèr yǒu dìtiě ma?

2
1. Xiān wǎng qián zǒu, ránhòu wǎng yòu guǎi.
2. Fùjìn yǒu xǐshǒujiān ma?
3. Cóng Yíhéyuán qù Běijīng Dàxué zěnme zuòchē?

语 法 自 测 4

1   1. Zhèr yǒu mei yǒu dìtiě?

 2. Nǐ míngtiān yǒu mei yǒu shíjiān?

 3. Fùjìn yǒu mei yǒu yóujú?

 4. Míngtiān nǐ néng bu néng shàngkè?

 5. Nǐ shì bu shì liúxuéshēng?

 6. Shāsha qù mei qù mǎiyào?

 7. Shāsha míngtiān qù bu qù mǎiyào?

2   1. Yào. / Búyào.

 2. Yào. / Búyòng le.

 3. Fāshāo. / Bù fāshāo.

 4. Chī le. / Méi chī.

 5. Yǒu. / Méiyǒu.

语 法 自 测 5

1   1. ài / xǐhuan

 2. huì

 3. huì

 4. huì... xǐhuan / xǐhuan ... huì

 5. xǐhuan

 6. ài

2   1. Qǐngwèn, xǐshǒujiān zài nǎr?

 2. Wǒ shì liúxuéshēng.

 3. Nǐ míngtiān yǒu shíjiān ma?

 4. Wǒ kěyǐ gěi nǐ dǎ diànhuà ma?

 5. Míngtiān yìqǐ qù yínháng hǎoma?

语言注释列表
Index of Language Tips

Unit 1

1. 你**贵姓**?

   "贵姓"是"姓什么"的一种客气、尊敬说法。对方回答时可以说:"我姓…"。

2. 你叫**什么**名字?

   汉语疑问句的语序与英语不同,与陈述句的语序是一样的,只需要把相应的部分替换成疑问词语,不需要变化语序。

3. 我叫**林华**。

   中国人的习惯是姓在前,名在后。回答自己姓名的时候一般要告诉别人自己的全名。

4. 我叫林华,**你呢**?

   "你呢"在句子中的意思是"你叫什么"。"呢"在名词或代词的后边,构成疑问句,句子的意思要根据前面的句子来决定,如:"我是英国人,你呢?"的意思是:你是哪国人?"我要学汉语,你呢?"的意思是:你要学汉语吗?

Unit 2

5. 这是我**的**朋友乔丹。

   "名词/代词+的+名词"表示某物属于某人的意思。如:我的书、马修的钥匙。

6. 你是北京人**吗**?

   一般来说,陈述句在句末加上"吗"就变成了疑问句,回答的时候用句中动词或形容词的肯定式和否定式回答。如:"马修是学生吗?是。/不是。""你们下午上课吗?上课。/不上课。"

7. 你住**哪儿**?

   汉语中有很多韵母儿化的词语。儿化韵母的写法是在原韵母的后面加 -r,而不是 er。发儿化音的时候,不要把"儿"念成独立的音节,而是把舌头稍稍翘起来一些就可以了。例如:"那儿"应该念成 nǎr 而不是 nǎér,"门口儿"应该念成 mén kǒur 而不是 mén kǒuér。

Unit 3

8. 现在**几**点?

   "几"在句中是询问 10 以内的数量。

9. 7 点 10 **分**。

   除了 10 分以内的时间以外,其余的时间可不用

分。如 7 点 10 分,7 点 11(分)。

10. 明天下午**不**上课。

    "不"的变调:"不"在第一声、第二声和第三声前读"bù",在第四声前读第二声"bú"。例如:"不吃"、"不来"、"不好"、"不去"。

Unit 4

11. 多少钱**一**个?

    一的变调:"一"在第一声、第二声和第三声前读第四声"yì",在第四声前读第二声"yí"。例如:"一天"、"一年"、"一种"、"一共"。

12. 一个**两**块。

    这里的"两"不能说成"二"。数词"二"的后面如果有"量词"就不能说"二",而要说"两"。如:两瓶啤酒、两个人。

13. 一个两**块**。

    在口语中常说"块",但是商店里的价签上一般标"元"。

14. **这**个多少钱一瓶?

    这和那的发音:"这"和"那"在口语中经常被读作"zhèi"和"nèi"。

15. 九**毛**。

    口语中常说"毛",不过在商店的标签上经常看到的是"角"。

Unit 5

16. 买**点儿**吧。

    "点儿"是"一点儿"的省略表达,一般在名词前修饰名词,表示少而不定的数量。如:学(一)点儿汉语。

17. 三块**行不行**?

    汉语可以用肯定形式和否定形式并列起来提问,这句话应该用"行"或者"不行"来回答。再如:你去不去上海?——去/不去。

Unit 6

18. **还**要别的吗?

    "还"和"再"都有动作重复发生的意思,点菜时这两个词都可以用,你点菜时可以说:"我还要……"也可以说"我再要……"但是服务员问你的时候,他只能用"还",不能用"再"。

19. 不要**大的**,要**小的**。

    "形容词+的"在句中相当于一个名词,在这里是指大的可乐和小的可乐。

Unit 7

20. **老板**，一小时多少钱？

这里，"老板"是对网吧经营者的称呼。在一般的小商店、小饭馆里也可以这样称呼经营者。

21. 哪个**都行**。

这里的"哪……都……"表示任何一个，"哪个都行"意思就是任何一台都可以。再如"哪个商店都有面包"，意思就是任何一个商店都有面包。

Unit 8

22. 附近**有**银行吗？

"有"表示存在和方位，"有"的否定是"没有"，不是"不有"。

23. 银行**在邮局旁边**。

可以用"在＋地点＋方位词语"表示方位。

Unit 9

24. 在这儿停一下，**行吗**？

"行吗"表示说话人提出意见后，征求对方的意见，语气委婉、谦和。肯定回答是"行"、"可以"和"好"。

25. 请**关好**门。

"好"在动词"关"后，表示动作较好地完成。

26. 坐 **716**。

数字中"1"的读法：为了区别"1"和"7"，数字"1"在电话号码和汽车号码以及房间号码中通常念作yao，如413房间应念成"sì yāo sān"。

27. **好**。

这里的"好"是"可以"、"行"的意思。我们常常用"好"或者"好啊"表示同意。

Unit 10

28. **要**护照吗？

"要"在这里的意思是need，require。

Unit 11

29. 我忘**了**带钥匙。

"了"在动词后面，表示动作完成。

30. 我知道**了**。

"了"用在句尾，表示变化。在这里意思是：我原来不知道，现在情况变了，我知道了。

31. 马上**就**来。

"就＋动词"表示动作在很短的时间内即将发生。

Unit 12

32. 吃药了吗？**没**吃。

"没（有）"和"不"，这两个词都表示否定，"没（有）"否定的是过去已经发生的动作或状态，如"我昨天没吃药"。"不"否定的是现在或将来发生的动作以及说话人的意愿，如"我明天不去银行"，"我不喜欢看电视"。

33. **就**要这个吧。

这里的"就"表示不是别的，有加强肯定语气的作用。

Unit 13

34. **那**我过一会再打吧。

"那（么）"的句子表示顺着上文的意思或根据上文的条件情况，说出应该出现的结果或做出决定。

Unit 14

35. 我可以**给**你打电话吗？

这里"给"的意思是"to"。

Unit 15

36. 你**会**游泳吗？

"会"表示懂得怎样做和有能力做某事。但是这种能力一般是指需要经过学习才能获得的能力。

Unit 16

37. **茄**——子。

用汉语说"茄子"的时候，表情很好，所以人们照相的时候常常一起说"茄子"，这样照出来的相片，大家都是高兴的样子。

词 类 简 称 表
Abbreviations of Word Classes

Abbreviation	Word Classes in English	Word Classes in Chinese	Word Classes in *Pinyin*
n	noun	名词	míngcí
pn	proper noun	专有名词	zhuānyǒu míngcí
v	verb	动词	dòngcí
mv	model verb	能愿动词	nényuàn dòngcí
a	adjective	形容词	xíngróngcí
pron	pronoun	代词	dàicí
num	numeral	数词	shùcí
m	measure word	量词	liàngcí
adv	adverb	副词	fùcí
prep	preposition	介词	jiècí
conj	conjunction	连词	liáncí
pt	particle	助词	zhùcí
int	interjection	叹词	tàncí

词 语 表
Vocabulary Index

1

你	pron	nǐ	you
好	a	hǎo	good, fine
贵姓		guì xìng	your surname
叫	v	jiào	call
什么	pron	shénme	what
名字	n	míngzi	name
我	pron	wǒ	I, me
呢	pt	ne	a modal particle used at the end of an interrogative sentence
是	v	shì	be
哪	pron	nǎ	which
国	n	guó	nation, country
人	n	rén	people, person
英国	pn	Yīngguó	UK
* 他	pron	tā	he, him
* 中国人		Zhōngguó rén	Chinese
* 美国人		Měiguó rén	American
* 个	m	gè	a measure word
* 桃	n	táo	peach
* 西瓜	n	xīguā	watermelon

2

这	pron	zhè/zhèi	this
的	pt	de	a structural particle used after a noun, pronoun to express possession
朋友	n	péngyou	friend
北京	pn	Běijīng	Beijing
吗	pt	ma	a question particle
不	adv	bù	no
上海	pn	Shànghǎi	Shanghai
学生	n	xuésheng	student
也	adv	yě	too, also
住	v	zhù	live
哪儿	pron	nǎr	where
号	m	hào	number
楼	n	lóu	building
留学生		liúxuéshēng	overseas student
房间	n	fángjiān	room
个	m	gè	a measure word
* 宿舍	n	sùshè	dormitory

3

现在	n	xiànzài	now
几	pron	jǐ	how many
点	n & m	diǎn	o'clock
分	n & m	fēn	minute
上午	n	shàngwǔ	morning
上课		shàngkè	go to class
我们	pron	wǒmen	we, us
今天	n	jīntiān	today
星期	n	xīngqī	week
星期四		Xīngqīsì	Thursday
你们	pron	nǐmen	you
下午	n	xiàwǔ	afternoon
明天	n	míngtiān	tomorrow
* 星期六	n	Xīngqīliù	Saturday
* 月	n	yuè	month
* 号	n & m	hào	date
* 年	n	nián	year
* 昨天	n	zuótiān	yesterday
* 下课		xiàkè	finish class
* 起床		qǐchuáng	get up
* 吃饭		chī fàn	eat a meal
* 睡觉		shuìjiào	go to bed, sleep

* 洗澡		xǐzǎo	take a bath

4

要	v & mv	yào	want, need
买	v	mǎi	buy
面包	n	miànbāo	bread
多少	pron	duōshao	how much, how many
钱	n	qián	money
块	m	kuài	a measure word of basic Chinese monetary unit (=1 *yuan* or 10 *mao*)
一共	adv	yígòng	altogether
瓶	n & m	píng	bottle
那	pron	nà/nèi	that
毛	m	máo	a fractional unit of money in China (=1/10 *yuan* or 10 *fen*)
* 矿泉水		kuàngquán shuǐ	mineral water
* 方便面		fāngbiànmiàn	instant noodles
* 衣服	n	yīfu	clothes
* 件	m	jiàn	item (mainly used for clothes or other things)
* 裤子	n	kùzi	trousers
* 条	m	tiáo	a measure word used for long or thin or narrow things like trousers, neckties etc.
* 书	n	shū	book
* 本	m	běn	a measure word for books
* 贵	a	guì	expensive
* 便宜	a	piányi	cheap
* 超市	n	chāoshì	supermarket
* 百	num	bǎi	hundred

5

师傅	n	shīfu	a respectful form of address for a skilled worker such as a driver, chef etc.
苹果	n	píngguǒ	apple
怎么	pron	zěnme	how
卖	v	mài	sell
斤	m	jīn	a measure word of weight (=500g)
桔子	n	júzi	orange
葡萄	n	pútao	grape
甜	a	tián	sweet
特别	adv	tèbié	very, extremely

（一）点儿		(yì)diǎnr	a little bit	
行	v & a	xíng	all right	
* 酸	a	suān	sour	
* 青	a	qīng	green	
* 红	a	hóng	red	
* 男	a	nán	man, male	
* 女	a	nǚ	woman, female	

6

服务员	n	fúwùyuán	waiter, waitress
菜	n	cài	dish
再	adv	zài	again
来	v	lái	order a dish in a restaurant
吃	v	chī	eat
主食	n	zhǔshí	staple food
碗	n. m	wǎn	bowl; a measure word
米饭	n	mǐfàn	cooked rice
还	adv	hái	more, still
别的	pron	biéde	other
了	pt	le	a modal particle used at the end of a sentence to indicate a change of situation of an action
谢谢	v	xièxie	thanks
喝	v	hē	drink
啤酒	n	píjiǔ	beer
可乐	n	kělè	coke
大	a	dà	big
小	a	xiǎo	small
炒鸡蛋		chǎojīdàn	scrambled eggs
土豆丝儿		tǔdòusīr	shredded potatoes
* 饮料	n	yǐnliào	beverage
* 熘肉片儿		liūròupiànr	meat slice sauté
* 红烧鱼		hóngshāoyú	fish braised in brown sauce
* 辣的		làde	hot, spicy
* 面条儿	n	miàntiáor	noodles
* 饺子	n	jiǎozi	dumplings
* 茶	n	chá	tea
* 咖啡	n	kāfēi	coffee
* 杯	n. m	bēi	cup

7

网吧	n	wǎngbā	cyber café
老板	n	lǎobǎn	boss

小时	n	xiǎoshí	hour
速度	n	sùdù	speed
快	a	kuài	fast, quick
很	adv	hěn	very
用	v	yòng	use
都	adv	dōu	all
看	v	kàn	look, watch, see
一下		yíxià	used after a verb to indicate one action or one try in a short time
怎么了		zěnme le	what's the problem
电脑	n	diànnǎo	computer
死机		sǐjī	it's not responding
吧	pt	ba	a modal particle used at the end of a sentence to indicate the tone of suggestion or requirement
* 一天		yì tiān	one day
* 一个月		yí ge yuè	one month
* 笔	n	bǐ	pen
* 支	m	zhī	a measure word for stick-like things such as pens
* 上网		shàngwǎng	surf the net
* 发邮件		fā yóujiàn	send an e-mail
* 玩儿游戏		wánr yóuxì	play video games
* 中午	n	zhōngwǔ	noon
* 打电话		dǎ diànhuà	make a phone call
* 看电视		kàn diànshì	watch TV
* 同屋	n	tóngwū	roommate

8

请	v	qǐng	please
问	v	wèn	ask
请问		qǐngwèn	may I ask ...
洗手间		xǐshǒujiān	rest room, toilet
右边	n	yòubian	right side
先	adv	xiān	first
往	prep	wǎng	to, toward
走	v	zǒu	go, walk
然后	adv	ránhòu	then
右	n	yòu	right
拐	v	guǎi	turn
附近	n	fùjìn	nearby
有	v	yǒu	have
去	v	qù	go

银行	n	yínháng	bank	
一直	adv	yìzhí	straight	
前	n	qián	front	
在	prep & v	zài	at, in	
邮局	n	yóujú	post office	
旁边	n	pángbiān	beside	
* 商店	n	shāngdiàn	shop	
* 饭馆儿	n	fànguǎnr	restaurant	
* 咖啡馆儿	n	kāfēiguǎnr	coffee shop	
* 对面	n	duìmiàn	opposite	
* 父亲	n	fùqin	father	
* 母亲	n	mǔqin	mother	
* 前边	n	qiánbian	in front	
* 后边	n	hòubian	behind	
* 左边	n	zuǒbian	left	

9

颐和园	pn	Yíhéyuán	the Summer Palace
下（车）	v	xià (chē)	get off / out
门口儿	n	ménkǒur	doorway
这儿	pron	zhèr	here
停	v	tíng	stop
关	v	guān	close
门	n	mén	door, gate
从	prep	cóng	from
北京大学	pn	Běijīng Dàxué	Peking University
北大		Běidà	abbreviation for 北京大学
坐	v	zuò	go by, sit
车	n	chē	vehicle
地铁	n	dìtiě	subway
没有	adv	méiyǒu	don't have
* 民族大学	n	Mínzú Dàxué	University for Nationalities
* 买面包		mǎi miànbāo	buy bread
* 飞机场	n	fēijīchǎng	airport
* 火车站	n	huǒchēzhàn	railway station
* 上海大学	n	Shànghǎi Dàxué	Shanghai University
* 出租车	n	chūzūchē	taxi
* 辆	m	liàng	a measure word for vehicle
* 司机	n	sījī	driver
* 着急	a	zháojí	anxious
* 高兴	a & v	gāoxìng	happy, glad

10

老师	n	lǎoshī	teacher
可以	mv & a	kěyǐ	can, may; ok, alright
换	v	huàn	change
中国	pn	Zhōngguó	China
饭店	n	fàndiàn	restaurant, hotel
护照	n	hùzhào	passport
美元	n	měiyuán	US dollar
人民币	n	Rénmínbì	Remminbi (RMB)
给	v & prep	gěi	give, to
您	pron	nín	a polite form of " you"
* 证件	n	zhèngjiàn	ID
* 照片儿	n	zhàopiānr	photograph
* 欧元	n	Ōuyuán	Euro

11

帮	v	bāng	help
开	v	kāi	open
忘	v	wàng	forget
带	v	dài	bring, take, carry ... with sb.
钥匙	n	yàoshi	key
等	v	děng	wait
马桶	n	mǎtǒng	toilet
坏	a	huài	broken, bad
水	n	shuǐ	water
知道	v	zhīdào	know
马上	adv	mǎshàng	right away
麻烦	v	máfan	trouble; troublesome
不客气		bú kèqi	you are welcome, not at all
打扫	v	dǎsǎo	clean
打（电话）	v	dǎ (diànhuà)	make (a phone call)
国际	n	guójì	international
电话	n	diànhuà	telephone
里	n	lǐ	inside, in
分钟	n	fēnzhōng	minute
* 怕	v	pà	worry
* 最	adv	zuì	most
* 干净	a	gānjìng	clean
* 床	n	chuáng	bed
* 沙发	n	shāfā	sofa
* 灯	n	dēng	lamp, light

12

头	n	tóu	head
疼	a	téng	painful
头疼		tóuténg	headache
发烧	v	fāshāo	have a fever
药	n	yào	medicine
没	adv	méi	not
休息	v	xiūxi	take a rest
能	mv	néng	can, be able to
请假		qǐngjià	ask for leave
感冒	n	gǎnmào	have a cold
种	n & m	zhǒng	kind, sort
不错		búcuò	not bad, good
拉肚子		lādùzi	suffer from diarrhoea
黄连素	pn	Huángliánsù	Berberine (diarrhoea medicine)
* 牙	n	yá	teeh
* 吃的		chī de	something to eat
* 看书		kàn shū	read books
* 腿	n	tuǐ	leg

13

喂	int	wèi	hello (used in receiving phone calls)
他	pron	tā	he, him
位	m	wèi	a measure word for people
回来	v	huílai	come back
那（么）	conj	nà(me)	then, in that case
一会儿	adv & n	yíhuìr	a short while
时间	n	shíjiān	time
啊	pt	a	a particle word used at the end of a sentence
事儿	n	shìr	matter, affair
半	num	bàn	half
学校	n	xuéxiào	school
见	v	jiàn	meet
不见不散		bújiàn búsàn	make sure to be there
* 下星期		xià xīngqī	next week
* 晚上	n	wǎnshang	evening
* 公园儿	n	gōngyuánr	park
* 医院	n	yīyuàn	hospital

14

同学	n	tóng...	class...
学	v		stu... learn

汉语	n	Hànyǔ	Chinese (language)
教	v	jiāo	teach
英语	n	Yīngyǔ	English (language)
互相	adv	hùxiāng	each other, one another
帮助	v	bāngzhù	help
当然	adv	dāngrán	of course, certainly
号码	n	hàomǎ	number
地址	n	dìzhǐ	address
时候	n	shíhou	time
* 唱歌		chàng gē	sing a song
* 坐这儿		zuò zhèr	sit here
* 试	v	shì	have a try
* 打篮球		dǎ lánqiú	play basketball

15

家	n	jiā	family, home
口	m	kǒu	a measure word for the number of family members
哥哥	n	gēge	elder brother
姐姐	n	jiějie	elder sister
弟弟	n	dìdi	younger brother
父母	n	fùmǔ	parents
做	v	zuò	do
工作	n	gōngzuò	work
爸爸	n & v	bàba	father
妈妈	n	māma	mother
大夫	n	dàifu	doctor
会	m & v	huì	can, be able to
游泳		yóuyǒng	swim
喜欢	v	xǐhuan	like
爱好	n	àihào	hobby
爱	v	ài	like, love
和	prep & conj	hé	and, with
聊天儿		liáotiānr	chat
妹妹	n	mèimei	younger sister
* 游	v	lǚyóu	go traveling
		guàng jiē	go shopping
* 跳舞		tiàowǔ	dance
* 孩子		háizi	children
* 爷爷	n	yéye	grandfather
* 奶奶	n	nǎinai	grandmother
* 岁		suì	years of age
* 累	v	lèi	tired
* 干			do

度	n & m	dù	degree (a measure word for temperature, etc)
有点儿		yǒu diǎnr	a little bit
热	a	rè	hot
下雨		xià yǔ	rain
晴天		qíng tiān	sunny day
漂亮	a	piàoliang	beautiful
风景	n	fēngjǐng	scenery
照相		zhàoxiàng	take pictures
大家	pron	dàjiā	everybody
过来		guòlai	come over
中间	n	zhōngjiān	middle
怎么样	pron	zěnmeyàng	how about
茄子	n	qiézi	eggplant, aubergine
* 冷	a	lěng	cold
* 刮风		guā fēng	windy
* 下雪		xià xuě	snow
* 天气	n	tiānqì	weather
* 阴天		yīn tiān	overcast
* 爬山		pá shān	climb a mountain

郑 重 声 明

　　高等教育出版社依法对本书享有专有出版权。任何未经许可的复制、销售行为均违反《中华人民共和国著作权法》,其行为人将承担相应的民事责任和行政责任,构成犯罪的,将被依法追究刑事责任。为了维护市场秩序,保护读者的合法权益,避免读者误用盗版书造成不良后果,我社将配合行政执法部门和司法机关对违法犯罪的单位和个人给予严厉打击。社会各界人士如发现上述侵权行为,希望及时举报,本社将奖励举报有功人员。

　　反盗版举报电话:(010) 58581897/58581896/58581879

　　传　　真:(010) 82086060

　　E - mail:dd@hep.com.cn

　　通信地址:北京市西城区德外大街 4 号
　　　　　　　　高等教育出版社打击盗版办公室

　　邮　　编:100120

　　购书请拨打电话:(010)58581118

图书在版编目（CIP）数据

体验汉语 . 留学篇：50~70 课时 / 陈作宏 . 田艳编 . 北京：高等教育出版社，2005.7（2013.4 重印）

ISBN 978-7-04-017734-3

Ⅰ . 体…　Ⅱ . ①陈…　②田…　Ⅲ . 汉语－对外汉语教学－教材

Ⅳ .H195.4

中国版本图书馆 CIP 数据核字（2005）第 073708 号

出版发行	高等教育出版社	咨询电话	400-810-0598
社　　址	北京市西城区德外大街4号	网　　址	http://www.hep.edu.cn
邮政编码	100120		http://www.hep.com.cn
印　　刷	北京信彩瑞禾印刷厂	网上订购	http://www.landraco.com
开　　本	889×1194　1/16		http://www.landraco.com.cn
印　　张	11.75	版　　次	2005年7月第1版
字　　数	180 000	印　　次	2013年4月第7次印刷
购书热线	010-58581118	定　　价	58.00元（含光盘）

本书如有缺页、倒页、脱页等质量问题，请到所购图书销售部门联系调换。